Stefan Fritz

Mitarbeiter-
vergütung

Ein Leitfaden für den Mittelstand

BUSINESS
INSIGHTS
BY HAUFE

Bibliografische Information der Deutschen Nationalbibliothek
Die Deutsche Nationalbibliothek verzeichnet diese Publikation
in der Deutschen Nationalbibliografie; detaillierte bibliografische
Daten sind im Internet über http://dnb.dnb.de abrufbar

ISBN
Paperback: 978-3-7451-0070-9
Hardcover: 978-3-7451-0071-6
e-Book: 978-3-7451-0072-3

© 2017 Stefan Fritz

Business Insights by Haufe
Ein Imprint der Haufe-Lexware GmbH & Co. KG, Freiburg

Printed in Germany

Inhaltsverzeichnis

Vorwort

In der Vergangenheit war die Gestaltung der Vergütung der Beschäftigten meist eine einfache und unproblematische Angelegenheit: Mitarbeiter erhielten ein Monatsgehalt oder einen festen Stundenlohn. Das Einkommen war oftmals tariflich definiert, erlaubte damit keinen Gestaltungsspielraum und war daher keine strategische Entscheidungskomponente des Unternehmens.

Diese Sachlage hat sich jedoch deutlich gewandelt. Heutzutage ist die Steuerung von Unternehmen, und hierzu zählt auch die Ausgestaltung der Mitarbeitervergütung, wesentlich komplexer. Viele Unternehmen finden in Tarifverträgen aus unterschiedlichen Gründen keine Orientierungshilfe mehr und vergüten daher tariffrei. Zudem sind in einigen Branchen die Erträge deutlich gesunken, der Kostendruck immens. In anderen Bereichen erfordert die stetig zunehmende Globalisierung der Wirtschaft, jegliche Möglichkeit zur Unternehmensoptimierung wahrzunehmen. All diese Entwicklungen machen auch eine wesentlich höhere Effizienz in der Steuerung des Arbeitseinsatzes notwendig. Dieser Trend setzte zunächst in der Großindustrie ein, ist aber zwischenzeitlich auch deutlich selbst in kleineren mittelständischen Unternehmen zu verspüren.

Unternehmen, die eine Veränderung im Bereich der Mitarbeitervergütung durchführen, um zukünftig weiterhin wettbewerbsfähig wirtschaften zu können, sollten grundsätzlich fünf Aspekte im Blick haben:

- Bereits geringe prozentuale Veränderungen der Lohnkosten können sich in absoluter Höhe deutlich bemerkbar machen. Entsprechend negative Auswirkungen auf die Liquidität sind zu vermeiden.
- Nicht immer ist eine Erhöhung der Mitarbeitervergütung heilsbringend. Daher sollten grundsätzlich zunächst Möglichkeiten der Umschichtung von Vergütungsanteilen in sinnvollere Elemente, die im Unternehmens-und im Mitarbeiterinteresse gleichermaßen stehen können, analysiert werden.
- Jede Veränderung muss so vollzogen werden, dass sie auch in Zukunft weitere Korrekturen oder Ergänzungen erlaubt und nicht zu langfristigen (zementierten) Verpflichtungen führt.

- Eine Veränderung im Bereich Vergütung muss so erfolgen, dass sie motivierend auf die Beschäftigten wirkt. Fehler in der Gestaltung können schnell (und unter Umständen langfristig) demotivieren und somit finanziell negative Auswirkungen mit sich bringen, welche oftmals indirekt und nicht messbar zur Kostenbelastung werden.
- Darüber hinaus sollte beachtet werden, dass die Mitarbeitervergütung eng verzahnt mit vielen anderen Bereichen der Unternehmensführung ist. Von daher sollte stets das Gesamtsystem im Blick des Betrachters sein.

Auf der anderen Seite der Diskussion stehen die Mitarbeiter. Für sie ist im Regelfall das Einkommen aus unselbständiger Arbeit in seiner Höhe die dominante, oftmals sogar die einzige Einnahmequelle des Haushalts. Von daher kommt ihrer Ausgestaltung auch von Mitarbeiterseite erhebliche Aufmerksamkeit zu.

Aus Mitarbeitersicht stellen sich zum Beispiel die folgenden Fragen:

- Wie ist es um die Sicherheit der Einkünfte (fixer versus variabler Anteil, Bestand des Unternehmens) bestellt?
- Werden die Einkünfte ausgezahlt oder kapitalisiert, als Altersvorsorge oder in ähnlicher Form?
- Sind Arbeitsplatz und das Arbeit gebende Unternehmen unter Betrachtung von Vergütungshöhe und Vergütungsstruktur attraktiv? Oder ist alternativ ein Arbeitsplatzwechsel lohnend?
- Bestehen Steueroptimierungspotenziale durch Umgestaltung der Mitarbeitervergütung?

Bereits diese ersten Fragestellungen zeigen, dass die Gestaltung eines neuen Vergütungssystems viele Fragen, aber auch diverse Chancen und Risiken mit sich bringen kann. Dies erfordert, dass eine Kenntnis des Themas und der zur Verfügung stehenden Optionen elementar zur Sicherung eines auch zukünftigen Unternehmenserfolgs sind.

Dieses Buch richtet sich insbesondere an mittelständische Unternehmen. Der Leser erhält hier vielfältige Informationen rund um das Thema Vergütung. Zahlreiche Tipps und Beispiele geben darüber hinaus Anregungen zur Umsetzung.

Das Buch ist wie folgt strukturiert: Einführend werden in Abschnitt 2 arbeits- und betriebsverfassungsrechtliche Aspekte dargestellt, deren Kenntnis für jede Maßnahme des Arbeitgebers im Vergütungsbereich von zentraler Bedeutung sind. Der rechtlichen Darstellung folgt eine detaillierte Diskussion möglicher Ziele, die Arbeitgeber und Mitarbeiter über die Gestaltung eines Vergütungssystems anstreben können (Abschnitt 3). Besteht auf Seiten der Beteiligten Klarheit über die Zielerreichung, kann ermittelt werden, welche Instrumente den gesetzten Zielen bestmöglich dienen. Dies können Instrumente sein, die der Grundvergütung, der leistungsorientierten Bezahlung oder dem erfolgsorientierten Bereich zuzuordnen sind (Abschnitt 4). Aber auch die Gewährung von Zulagen in steuerbefreiter oder steuerreduzierter Form kann von Interesse sein, ebenso wie die Umlenkung von Entgeltbestandteilen in die Zukunft (zum Beispiel aufgeschobener Zufluss, betriebliche Altersvorsorge - Abschnitt 5). Zur Abrundung und weiterer Orientierung stellt der Leitfaden Ergebnisse einer Vergütungsumfrage unter mittelständischen Unternehmen (Abschnitt 6) sowie die Vorgehensweise zur Einführung / Änderung eines Vergütungssystems dar (Abschnitt 7).

Die Inhalte dieses Leitfadens dienen dem Leser zur ersten einführenden Orientierung. Eine arbeitsrechtliche, steuerrechtliche oder personalwirtschaftliche Beratung können und sollen hierdurch nicht ersetzt werden. Die Einbindung eines Experten ist im Rahmen der Umsetzung dringend zu empfehlen.

1 Vergütung im Lichte des Arbeitsrechts

Im Rahmen der Gestaltung von Vergütungssystemen sind grundsätzlich arbeitsrechtliche Aspekte zu beachten. Daher werden nachfolgend die wesentlichen Regelungsebenen angesprochen.

1.1 Gesetz und Tarifbindung

Im Rahmen arbeitsrechtlicher Fragestellung ist zunächst zu klären, welche Rechtsvorschriften auf den Einzelfall anzuwenden sind. Entscheidend sind dabei die folgenden Grundsätze:

- Höherrangiges Recht (zum Beispiel Bundesrecht) bricht niederrangiges Recht (zum Beispiel Landesrecht)
- Spätes (neueres) Recht ersetzt frühes Recht, und
- zu Gunsten des Arbeitnehmers sind Abweichungen von gesetzlichen Vorschriften jederzeit möglich (sogenanntes Günstigkeitsprinzip).

Das Europäische Gemeinschaftsrecht ist vorrangig gegenüber dem Recht der Mitgliedsstaaten. Auf dem Gebiet des Arbeitsrechts besitzen die EG-Richtlinien die größte Bedeutung, die von den Staaten in nationale Gesetze umgesetzt werden. Selbst dann, wenn die Umsetzung unterbleibt, können Arbeitnehmer bereits auf Grundlage der EG-Richtlinie ihre Ansprüche herleiten.

Die zweitwichtigste Ebene aus deutscher Sicht ist das Grundgesetz. Aus arbeitsrechtlicher Perspektive sind Art. 3 (Gleichheit vor dem Gesetz), Art. 5 (Recht auf freie Meinungsäußerung), Art. 9 (Gewerkschaften), Art. 12 (Recht der Berufsfreiheit) und Art. 14 (Eigentum) von Relevanz. Auf dritter Stufe sind diverse Gesetze und Verordnungen zu sehen, die die Gebiete Arbeitsvertragsrecht, Arbeitsschutzrecht, Tarifrecht, Betriebsverfassungsrecht und Verfahrensrecht umfassen.

Tarifverträge sind Gesetzen und Verordnungen im Rang nachgestellt. Hier handelt es sich um schriftliche Verträge zwischen einem Arbeitgeberverband, beziehungsweise einem einzelnen Arbeitgeber auf der einen und einer Gewerkschaft auf der anderen Seite. Tarifverträge re-

geln die Rechte und Pflichten der Parteien und damit die Mindestbe-
dingungen für die betroffenen Arbeitsverhältnisse. Ein Tarifvertrag ist
dann auf das jeweilige Beschäftigungsverhältnis anzuwenden, wenn
der Arbeitgeber Mitglied des Arbeitgeberverbandes und der Mitarbeiter
Mitglied der Gewerkschaft ist. Im Regelfall wendet der Arbeitgeber die
Bestimmungen des Tarifvertrages aber auf alle (und damit auch auf die
nicht gewerkschaftlich organisierten) Beschäftigten des Unternehmens
an.

Tarifverträge können aber auch dann bindend für das eigene Unternehmen sein, wenn es nicht Mitglied eines Arbeitgeberverbandes ist. Dies
setzt jedoch voraus, dass der Tarifvertrag der betreffenden Branche
vom Bundesministerium für Arbeit als allgemeinverbindlich erklärt
wurde. Eine Aufstellung der allgemeinverbindlich anerkannten Tarifverträge findet sich auf der Homepage des Ministeriums unter
www.bmas.de.

Tritt der Arbeitgeber während der Laufzeit eines Tarifvertrages aus
dem Arbeitgeberverband aus, besitzt der Vertrag, unabhängig seines
Austritts, auch weiterhin Gültigkeit. Dies ändert sich erst dann, wenn
auch der Tarifvertrag gekündigt und durch eine neue Regelung ersetzt
wird, die dann nicht mehr auf das ausgetretene Unternehmen anzuwenden ist.

Durch das vermehrte Aufkommen kleiner Gewerkschaften, die ganz gezielt spezielle Berufsgruppen vertreten, wurde in jüngster Vergangenheit verstärkt diskutiert, welcher Tarifvertrag dann maßgeblich ist,
wenn die Mitarbeiter eines Unternehmens unterschiedlichen Gewerkschaften angehören. Über Jahre unterlag diese Fragestellung der
Rechtsprechung des Bundesarbeitsgerichtes. Das Gericht vertrat bis
zum Jahre 2010 den Grundsatz der Tarifeinheit, gab diesen jedoch zu
Gunsten der Tarifpluralität auf. Vor dem Hintergrund diverser Ausei-
nandersetzungen insbesondere bei der Deutsche Bahn AG und der Deutsche Lufthansa AG bestand die Notwendigkeit einer gesetzlichen Regelung der Problematik. Seit Juli 2015 regelt diesen Tatbestand nun das
Gesetz zur Tarifeinheit (Tarifeinheitsgesetz). Es sieht vor, dass bei kol-
lidierenden Tarifverträgen in einem Betrieb nur die Rechtsnormen des-
jenigen Tarifvertrags einer Gewerkschaft anwendbar sind, die zum
Zeitpunkt des Abschlusses des zuletzt abgeschlossenen Tarifvertrags im
Betrieb die meisten Mitglieder hat (§ 4a). Das Bundesverfassungsgericht
hat am 11. Juli 2017 eine Verfassungsbeschwerde gegen das Gesetz ab-
gelehnt und damit das Gesetz für verfassungskonform erklärt.

Nicht selten enthalten Tarifverträge zu einzelnen Bereichen, für die nach Ansicht der Tarifvertragsparteien auf individueller Ebene Regelungen vereinbart werden sollen, sogenannte Öffnungsklauseln. Öffnungsklauseln sind im Bereich der Vergütung häufig anzutreffen, wenn es zum Beispiel um eine variable Gestaltung des Weihnachtsgeldes oder eine leistungsorientierte Vergütung geht. In diesen Fällen besteht die Möglichkeit zur Konkretisierung der Ausgestaltung auf Unternehmensebene über Betriebsvereinbarungen.

Hierbei handelt es sich um Verträge, die zwischen dem Arbeitgeber und dem Betriebsrat des Unternehmens abgeschlossen werden. Betriebsvereinbarungen sind aber auch dort verpflichtend abzuschließen, wo eine erzwingbare Mitbestimmung des Betriebsrates besteht und Aspekte geregelt werden, die im Tarifvertrag nicht geregelt sind und üblicherweise nicht geregelt werden.

Darüber hinaus besteht aber auch die Möglichkeit zum Abschluss von freiwilligen Betriebsvereinbarungen dort, wo die betriebsverfassungsrechtliche Mitbestimmung nicht greift, der Betriebsrat dessen ungeachtet aber Vertragspartner des Arbeitgebers sein soll. Dies kann zum Beispiel bei der Gewährung einer Gewinnbeteiligung der Fall sein.

Auf der untersten Ebene der arbeitsrechtlichen Hierarchie steht der Arbeitsvertrag zwischen Unternehmen und Mitarbeiter. Er regelt insbesondere die aus dem Arbeitsverhältnis geschuldeten Pflichten der Parteien. Arbeitsverträge können auch mündlich abgeschlossen werden. Aus Beweisgründen empfiehlt sich jedoch die Schriftform. Rechtsgrundlage des Arbeitsvertrages sind in erster Linie die §§ 611, 612 und 615 BGB.

1.2 Gleichbehandlungsgrundsatz

Der arbeitsrechtliche Gleichbehandlungsgrundsatz lässt sich aus dem verfassungsrechtlichen Gleichheitssatz (Art. 3 GG) ableiten. Der Grundsatz verpflichtet den Arbeitgeber, dann, wenn kein sachlich gerechtfertigter Grund der Ungleichbehandlung der Beschäftigten vorliegt, Mitarbeiter gleich zu behandeln. Hierzu gehört, dass eine Differenzierung oder Diskriminierung direkter, aber auch indirekter Art auf Grundlage von Geschlecht, Rasse, Sprache, Herkunft, Glaube, politischer, beziehungsweise religiöser Anschauung oder Behinderung grundsätzlich nicht zulässig ist. Darüber hinaus ist die unterschiedliche Behandlung von Teilzeit- und Vollzeitkräften sowie von befristet und unbefristet beschäftigten Mitarbeitern untersagt (§ 4 des Gesetzes über Teilzeitarbeit und befristete Arbeitsverträge).

Im Rahmen der Vereinbarung einer Mitarbeitervergütung wird jedoch der Gleichbehandlungsgrundsatz von dem Grundsatz der Vertragsfreiheit überlagert, der sich aus Art. 2 GG ableitet. Auf dieser Grundlage ist das freie Aushandeln einer Arbeitsvergütung in unterschiedlicher Höhe und Struktur für gleiche Arbeit grundsätzlich zulässig. Zum einen kann der Arbeitgeber über die Vergütung seine Leistungserwartung zum Ausdruck bringen. Zum anderen ist ihm gestattet, Mitarbeiter für ihr Verhandlungsgeschick entsprechend zu belohnen. Der Vertragsfreiheit sind jedoch dort Grenzen gesetzt, wo der Arbeitgeber nach einheitlichen Merkmalen oder gruppenspezifischen Kriterien die Höhe der Vergütung festlegt. Dies kann zum Beispiel im Rahmen der Eingruppierung oder bei der Festlegung von Sonderleistungen der Fall sein.

1.3 Betriebliche Übung

Nicht selten gewähren Arbeitgeber ihren Mitarbeitern zusätzlich zum arbeitsrechtlich geschuldeten Entgelt freiwillige Leistungen. Hierbei ist zu beachten, dass durch dreimalige regelmäßige Gewährung der Leistung in annähernd gleicher Höhe ohne Vorbehalt die Rechtsprechung von dem Entstehen einer Vertrauensposition auf Seiten des Mitarbeiters dahingehend ausgeht, dass der Arbeitnehmer die Fortsetzung dieser Vergütungspraxis auch für die Zukunft erwarten kann. Schwankt jedoch die Höhe der Zuwendung oder wird die Zahlung unregelmäßig geleistet sinkt die Wahrscheinlichkeit, dass eine betriebliche Übung vorliegt.

Tipp:
Von daher ist unbedingt im Rahmen der Gewährung von Zusatzleistungen zu beachten, dass entweder im Arbeitsvertrag oder im Rahmen der Gewährung von Zusatzleistungen ausdrücklich (möglichst schriftlich) erklärt wird, dass die jeweiligen Leistungen freiwillig erbracht werden, hieraus keine rechtlichen Verpflichtungen des Arbeitgebers für die Zukunft entstehen und die Leistungen einseitig widerrufen werden können (Freiwilligkeitsvorbehalt).
Der Vorbehalt kann zum Beispiel wie folgt formuliert werden: „Die Zuwendung des Arbeitgebers wird ausdrücklich für das Jahr 20XX ge-

währt. Aus der einmaligen Zuwendung ergeben sich keinerlei Ansprüche des Mitarbeiters für die folgenden Jahre. Die Gewährung weiterer Zuwendungen liegt alleine im Ermessen des Arbeit gebenden Unternehmens."

Besonders problematisch ist bei ungewolltem Bestehen einer betrieblichen Übung, dass der Rechtszustand nicht nur auf die aktuell Beschäftigten, sondern auch auf zukünftige Mitarbeiter anzuwenden ist, da die nun (unfreiwillig) geschuldeten Leistungen zu denjenigen Leistungen gezählt werden, die allgemein im Unternehmen üblich gewährt werden müssen.

Maßgeblich für die arbeitsrechtliche Wertung des Bestehens einer betrieblichen Übung ist der Empfängerhorizont, d.h. die Perspektive des Mitarbeiters über die Vergütungspraxis des Arbeitgebers unter Berücksichtigung von Treu und Glauben. Im Streitfall wird die Beurteilung, ob der Mitarbeiter von einer auch zukünftigen Zahlungsverpflichtung seines Arbeitgebers ausgeht, gerichtlich zu klären sein.

Der Zustand der betrieblichen Übung lässt sich nur schwer wieder aufheben. Mögliche Wege sind, dass der Arbeitgeber

a) gegenüber neu eintretenden Mitarbeitern das Gewähren dieser Leistungen unter Freiwilligkeitsvorbehalt stellt,

b) durch „eine gegenteilige betriebliche Übung" mindestens dreimalig in geänderter Form eine Leistung erbringt, diese unter Freiwilligkeitsvorbehalt gewährt und die Mitarbeiter dieser Praxis nicht widersprechen, oder

c) eine Änderungskündigung ausspricht oder eine einvernehmliche Vertragsanpassung erfolgt.

1.4 Zulagen mit Tariferhöhungen aufrechnen

Die langfristige Steuerbarkeit der Höhe der Personalkosten ist für viele Unternehmen von großer Bedeutung. Um dies zu gewährleisten ist es sinnvoll, im Rahmen der Gewährung von Zulagen stets unmissverständlich durch einen schriftlichen Aufrechnungsvorbehalt zu betonen, dass die gewährte Leistung auch auf eine zukünftige Tariferhöhung angerechnet werden kann. Dies ist selbst für diejenigen Unternehmen empfehlenswert, die derzeit nicht der Tarifbindung unterliegen, zukünftig

jedoch einer tariflichen Regelung unterliegen können. Dies ist zum Beispiel in jüngster Vergangenheit im Rahmen der Entstehung einer gesetzlichen Verpflichtung zur Entlohnung von Branchenmindestlöhnen der Fall gewesen.
Ausgeschlossen ist in dieser Hinsicht jedoch die zukünftige Anrechnung von Zulagen auf Tariferhöhungen dann, wenn die Zulagen als selbständiger Entgeltbestandteil neben dem jeweiligen tariflichen Entgelt gewährt werden, und damit als Entgelt im engeren Sinne zu klassifizieren sind (siehe hierzu Abschnitt 4.5.2). Dies ist zum Beispiel dann der Fall, wenn es sich bei der Zulage um eine Provision auf einer konkreten Grundlage und damit um eine Leistungslohnkomponente handelt.

1.5 Beteiligung des Betriebs- oder Personalrats

§ 87 BetrVG sieht vor, die Arbeitnehmervertretung in Fragen der Ordnung im Betrieb, der Gestaltung von Arbeitsplätzen und Arbeitsabläufen, der Leistungskontrolle sowie der Entlohnung der Beschäftigten zu beteiligen. Das Mitbestimmungsrecht der Arbeitnehmervertretung im Bereich Entlohnung bezieht sich generell auf die Änderung von Verteilungsgrundsätzen bei kollektiven Vergütungsvereinbarungen.
Verteilungsgrundsätze werden zum Beispiel dann verändert, wenn der Arbeitgeber bei einzelnen Beschäftigten eine Tariferhöhung auf bereits in der Vergangenheit gewährte freiwillige Zulagen anrechnet, bei anderen Beschäftigten jedoch die Zulage in ursprünglicher Höhe weiter gewährt. Im Gegensatz dazu ist eine gleichmäßige Anrechnung einer Tariferhöhung auf freiwillige Zulagen bei allen Berechtigten mitbestimmungsfrei.
Mitbestimmungsfrei sind auch Maßnahmen der „individuellen Lohngestaltung". Zu beachten ist, dass die Grenzen zwischen individueller und kollektiver Lohngestaltung fließend sein können, wenn die vom Arbeitgeber durchgeführte Veränderung des Vergütungssystems mehrere Mitarbeiter in ähnlicher Form betrifft.

Tipp:
Es ist daher in Zweifelsfällen anzuraten, den Mitbestimmungstatbestand von einem arbeitsrechtlichen Sachverständigen bewerten zu lassen.

Das Mitbestimmungsrecht des Betriebs- beziehungsweise Personalrats erstreckt sich im Rahmen der Entgeltgestaltung (§ 87 Ziffer 10 BetrVG) zum Beispiel auf folgende Einzelaspekte:

- Aufstellung neuer Entlohnungsformen
- Festlegung der Relation von Grundgehalt und Zulagen beziehungsweise dem Anteil der leistungsorientierten Vergütung an der Gesamtvergütung
- Definition der Kriterien der Leistungsbemessung (zum Beispiel Mitarbeiterbeurteilung oder Zielvereinbarungssystem)
- Auflistung der provisionspflichtigen Produkte
- Einführung von Vergütungsprogressionsstufen
- Einführung von Verhaltens- oder Leistungskontrollen
- Festlegung von Zeitpunkten der Entstehung und Auszahlung von Vergütungsanteilen

Mitbestimmungsfrei sind dagegen die Zweckbestimmung des Vergütungssystems, die Höhe des Gesamtbudgets oder der in das Entlohnungssystem einzubeziehende Mitarbeiterkreis, sofern übrige gesetzliche Bestimmungen (zum Beispiel der Gleichbehandlungsgrundsatz) grundsätzlich Beachtung finden.

Plant der Arbeitgeber die Einführung, Änderung oder Abschaffung eines Vergütungskonzeptes, besteht hinsichtlich der mitbestimmungspflichtigen Aspekte die Notwendigkeit, die Personalvertretung zu informieren oder in die Entscheidungen mit einzubeziehen. Die Information hat frühzeitig zu erfolgen, damit das Gremium den gleichen Sachstand besitzt wie der Arbeitgeber und gegebenenfalls auf dessen Entscheidungen Einfluss nehmen kann. Darüber hinaus ist das Gremium auch in der Umsetzungsphase umfassend zu informieren. Die Mitarbeitervertretung hat das Recht, sich zusätzlich von Externen (Sachverständige oder Gewerkschaftsvertreter) beraten zu lassen. Dem sind jedoch Grenzen gesetzt: die Beauftragung zur Erstellung eines Sachverständigengutachtens kann zum Beispiel von der Mitarbeitervertretung erst nach Rücksprache mit dem Arbeitgeber erfolgen, von diesem andererseits auch nicht willkürlich verweigert werden.

Tipp:
Grundsätzlich ist in Vergütungsfragen die frühzeitige Information des Betriebsrats auch bei mitbestimmungsfreien Maßnahmen von Vorteil, da dies vertrauensbildend wirkt, dadurch die Akzeptanz der

Maßnahme von Arbeitnehmerseite erhöht und letztendlich das Miteinander der beteiligten Parteien fördert.

2 Ziele von Vergütungssystemen

Bevor konkrete Überlegungen erfolgen, welches System oder welche Vergütungsbestandteile den korrekten Rahmen zur Entlohnung der Mitarbeiter definieren, sollten auf einer vorgeschalteten Projektebene zunächst die zu erreichenden Ziele ermittelt werden. Im Rahmen dieser Diskussion wird zwischen der Perspektive des Unternehmens und des Mitarbeiters unterschieden.

Empfehlenswert ist in dieser Hinsicht,

- zunächst die Gesamtheit aller relevanten Ziele zu ermitteln,
- anschließend eventuelle Dependenzen der Einzelziele festzustellen, was meist zu einer erheblichen Reduzierung der Gesamtzahl der Ziele führt, und
- in einem dritten Schritt eine Hierarchie der verbleibenden Einzelziele zu definieren.

Im Rahmen der Ermittlung von Zielen ist gleichzeitig zu beachten, dass das Vergütungssystem

- möglichst gerecht,
- transparent und den Betroffenen leicht vermittelbar,
- aktuell beziehungsweise zeitnah,
- flexibel und gut handhabbar
- sowie kurz-, mittel- und langfristig wirtschaftlich sinnvoll ausgestaltet sein sollte.

Die Ziele eines Vergütungssystems können im Zeitverlauf durchaus wechseln. Dieser Tatbestand macht eine regelmäßige Überprüfung notwendig, ob ein bereits praktiziertes System noch (immer) der ursprünglich gesetzten Intention dient oder, aufgrund einer Veränderung von Rahmenbedingungen (zum Beispiel in den Bereichen Organisation oder Recht) eine Anpassung erforderlich macht.

Im Rahmen der Zielermittlung stehen oftmals die nachfolgend genannten Aspekte im Vordergrund der Ausgestaltung von Vergütungsmodellen.

2.1 Anforderungs- und Leistungsgerechtigkeit

Innerhalb eines Unternehmens werden unterschiedliche Tätigkeiten von Mitarbeitern, die über individuelle Qualitäten verfügen und eine divergierende Leistungsbereitschaft aufzeigen, erbracht. Aufgabe des Arbeitgebers ist es, die sich hieraus ergebende hohe Anzahl von Aspekten in einem Vergütungssystem abzubilden.

Zur Zielerreichung bietet es sich an, die Problematik in zwei Denkschritte zu unterteilen:

- Aspekte die das Ausbildungsniveau, die Berufserfahrung oder Fähigkeiten und Fertigkeiten des Mitarbeiters betreffen, sind über die Grundvergütung zu entgelten (siehe Abschnitt 3). Für den Arbeitgeber sind zum Beispiel das Ausbildungsniveau und die Fähigkeiten der Mitarbeiter Hilfsparameter, um die Produktivität der Beschäftigten einschätzen zu können. Aber auch die Beschäftigten wollen ihre geleistete Ausbildung adäquat vergütet sehen.

- Aspekte der Leistungs- und Einsatzbereitschaft fließen dagegen in die Gestaltung des variablen Entgelts (siehe Abschnitt 4) ein. Auch in diesem Bereich stellen sich diverse Fragen, die es zu beantworten gilt.

Für beide Seiten, Unternehmen wie Mitarbeiter, ist es von hoher Bedeutung, die Vergütung der Beschäftigten auf Grundlage dieser Aspekte horizontal, d.h. innerhalb einer Niveauebene, und vertikal, d.h. im Verhältnis der Ebenen zueinander, sinnvoll abzustimmen.

2.2 Motivation

Die Motivationstheorie unterscheidet zwischen intrinsischer und extrinsischer Motivation. Intrinsische Motivation beruht auf einem Eigenantrieb (motiviert sein). Extrinsische Motivation basiert dagegen auf einer Motivation von außen (motiviert werden) durch Kollegen, Führungskräfte oder Einzelmaßnahmen (zum Beispiel durch Incentives).

Unbestritten ist, dass intrinsische Motivation nachhaltiger und von höherem Wert ist als die extrinsische Form. Darüber hinaus ist aber zu beachten, dass die eine Motivationsform die andere beeinflussen kann. Eine Führungskraft kann zum Beispiel einem Mitarbeiter die Bedeutung kostensparenden Handelns dadurch nahe bringen, dass dem Beschäftigten der Zusammenhang zwischen Kostenersparnis und dem zukünftigen Erhalt des eigenen Arbeitsplatzes aufgezeigt wird. Hat der Mitarbeiter diesen Zusammenhang erfasst und für die Zukunft verinnerlicht, kann auf diesem Wege extrinsische zu intrinsischer Motivation werden. Die Praxis zeigt, dass dies immer dort der Fall ist, wo extrinsische Motivation sinnstiftend wirkt. Somit sollte und kann auf eine extrinsische Motivation der Beschäftigten nicht generell verzichtet werden, auch wenn nicht selten das Gegenteil behauptet wird.

Die Vergütung von Mitarbeitern ist der Sphäre der extrinsischen Motivation zuzurechnen. Die Höhe und Ausgestaltung der Vergütung soll die Beschäftigten dazu bewegen, in einer vom Arbeitgeber gewünschten Form zu Handeln und sich selber (intrinsisch) zu führen.

Die Praxis zeigt, dass Geld nicht dauerhaft über den extrinsischen Wirkungskanal motiviert. So macht zum Beispiel der neue Sportwagen nicht dauerhaft glücklich, sondern wird nach einer gewissen Zeit auch für den stolzesten Eigner zur Gewohnheit. Es stellt sich aber die Frage, ob der Zusammenhang zwischen Geld und Motivation auch auf den Aspekt der Vergütung von Mitarbeitern angewendet werden kann. Um sich dieser Fragestellung anzunähern, werden nachfolgend fünf Beispiele aufgezeigt:

Sachverhalt	Motivationsaspekt
Der Arbeitgeber gewährt eine Gehaltserhöhung, weil er einen Ausgleich für die allgemeine Preissteigerung schaffen will.	In diesem Beispiel kann die Gehaltserhöhung, der Motivationstheorie von Herzberg folgend, als Hygienefaktor klassifiziert werden. Die Vergütungssteigerung gleicht eine zuvor evtl. entstandene Unzufriedenheit der Beschäftigten aus (Rückgang der realen Kaufkraft) und bringt damit die Zufriedenheit des Mitarbeiters mit seinem Verdienst wieder ins Lot. Eine Zusatzmotivation ist hier nicht zu erkennen oder zu erwarten. Erfolgreich kann jedoch einer drohenden Demotivation der Beschäftigten begegnet werden.
Der Arbeitgeber gewährt eine individuelle Gehaltserhöhung, weil er mit der tagtäglichen Leistung des Mitarbeiters zufrieden ist.	Der Mitarbeiter fühlt sich hier bestätigt; sein Leistungseinsatz hat sich bezahlt gemacht. Offen bleibt jedoch, wie der Mitarbeiter sich in Zukunft verhalten wird. Steigert er seine Leistung weiter oder behält er das aktuelle Leistungsniveau bei? Denkbar ist aber auch, dass sein Leistungsniveau wieder auf das ursprüngliche Niveau abfällt. Da der Arbeitgeber in diesem letzten Fall die Gehaltserhöhung nicht wieder zurücknehmen kann ist zu vermuten, dass er unzufrieden wird und zukünftige Gehaltserhöhungen abwartend ausführt.

Sachverhalt	Motivationsaspekt
Ein Mitarbeiter erhält eine Gehaltserhöhung, weil er die Meisterprüfung erfolgreich abgeschlossen hat.	Das höhere Gehalt des Mitarbeiters kann für den Mitarbeiter Antrieb gewesen sein, die Weiterbildung zu absolvieren. Der Ausbildungsabschluss befähigt und berechtigt ihn zur Übernahme anspruchsvollerer Tätigkeiten bis hin zur Gründung eines eigenen Betriebes. Es kann davon ausgegangen werden, dass diese qualitative Verbesserung vom Arbeitsmarkt entsprechend honoriert wird. Insofern fördert die Gehaltserhöhung, dass der Mitarbeiter anforderungsadäquat vergütet wird und er sich auch weiterhin an das Arbeit gebende Unternehmen gebunden fühlt.
Der Arbeitnehmer wird variabel aufgrund eines leistungs- oder gewinnorientierten Systems vergütet.	In diesen Beispielen setzen Vergütungsmodelle Anreize zu höherer Leistung oder höheren Gewinn. Fällt in einem Folgezeitraum die Leistung wieder ab oder reduziert sich der Gewinn, passt sich gleichgerichtet die Höhe der Vergütung an. Der Mitarbeiter wird demnach dauerhaft angeregt, mehr Leistung zu erbringen beziehungsweise einen höheren Gewinn zu erwirtschaften.

Sachverhalt	Motivationsaspekt
Der Mitarbeiter investiert Geld in das Arbeit gebende Unternehmen (Mitarbeiterkapitalbeteiligung). Die Anlage wird vom Arbeitgeber erfolgsabhängig verzinst.	In diesem Beispiel hat sich der Mitarbeiter im Regelfall vor Anlage des Kapitals beim Arbeit gebenden Unternehmen sorgfältig Gedanken über die Attraktivität, Sinnhaftigkeit und Sicherheit seines Investments gemacht. Dies ist ein bedeutender Schritt, der auch Ausdruck einer bewussten Identifikation mit dem „eigenen" Unternehmen ist. Hat er die Anlage getätigt, ist er über den Zeitraum der Kapitalbindungsfrist an einer möglichst hohen Rendite, mindestens jedoch an deren Werterhalt interessiert. Dies gewährleistet eine langfristige Motivation, die auch in ein tiefgehendes und im Regelfall im Vorfeld noch nicht in dem Maße vorhandenes Interesse an betriebswirtschaftlichen Zusammenhängen münden kann.

Tab. 1: Mitarbeitermotivation

Die Beispiele zeigen, dass der Zusammenhang zwischen Vergütung und Motivation mehrere Facetten besitzt. Es ist zu vermuten, dass Vergütungsmodelle durchaus motivieren können, wenn sie entsprechend konzipiert werden. Gleichzeitig soll aber auch an dieser Stelle zum Ausdruck kommen, dass der Zusammenhang zwischen Vergütung und Motivation immer von den betroffenen Individuen (zum Beispiel dem Stellenwert der Vergütung) und den jeweiligen Rahmenbedingungen (zum Beispiel der Unternehmenskultur) abhängig ist.

2.3 Mitarbeitergewinnung und Mitarbeiterbindung

Die Vergütung und ihre Ausgestaltung, beziehungsweise Instrumente, bieten Bewerbern einen ersten Eindruck darüber, welche Positivargumente ein Unternehmen für einen Arbeitsplatzwechsel aufweist. Die angewandten Instrumente lassen nicht selten einen Rückschluss auf die praktizierte Unternehmenskultur und den Innovationsgrad eines Unternehmens zu. Daher können sie die Wechselentscheidung qualifizierter Arbeitskräfte wesentlich beeinflussen.

Andere Positivargumente für einen Wechsel des Arbeitsplatzes, wie zum Beispiel ein positives Betriebsklima oder eine hohe Arbeitszufriedenheit, die manch ein Unternehmen gerne für sich in Anspruch nimmt, sind dagegen hochgradig subjektiv. Aus diesem Grunde lassen sie sich nicht immer glaubhaft gegenüber Bewerbern vermitteln. Diese Aspekte können nur vom Bewerber selber und erst nach Eintritt in das neue Unternehmen, also zu einem Zeitpunkt, zu dem das Urteil des Mitarbeiters die Entscheidung über den Arbeitgeberwechsel nicht mehr beeinflussen kann, bewertet werden.

> **Tipp:**
> Werben Sie um die Gunst von Fachkräften mit „harten" objektiven Argumenten. Hierzu gehören zum Beispiel eine in Höhe und Struktur attraktive Vergütung oder eine familienfreundliche Arbeitszeitgestaltung. „Weiche" Argumente, wie das Betriebsklima, sind dagegen immer subjektiv. Das im Unternehmen bestehende (aus Ihrer Sicht gute) Betriebsklima kann zum Beispiel darauf beruhen, dass die Beschäftigten selbstbestimmt arbeiten. Mitarbeiter, die jedoch nach Führung verlangen, begeistert dies nicht. Dem zufolge kann sich hier Enttäuschung, auch verbunden mit einem Leistungsverlust im Vergleich zum vorherigen Beschäftigungsverhältnis beim neuen Mitarbeiter entfalten.

Attraktive und motivierende Vergütungssysteme münden auch in eine höhere Zufriedenheit der bereits Beschäftigten und wirken daher bindend. Im Ergebnis können durch einen Vergütungssystemwechsel die Fluktuationsquote, aber auch Fehlzeiten der Arbeitnehmer, die oftmals durch Unzufriedenheit bedingt sind, gesenkt werden. Beide Faktoren,

Fluktuation und Fehlzeiten, haben ebenfalls einen hohen Einfluss auf das Kostenniveau des Unternehmens. Erfordert die Kündigung eines Mitarbeiters die Neubesetzung des Arbeitsplatzes, ist dies häufig verbunden mit einem kostspieligen, teilweise auch langwierigen und nicht immer von Erfolg gekrönten Suchprozess. Zudem muss der neue Mitarbeiter eingearbeitet werden, was wiederum Ressourcen auf Seiten der Kollegen bindet. Darüber hinaus erlangen neue Mitarbeiter im Durchschnitt erst nach einem Jahr das Produktivitätsniveau ihres Vorgängers. Auch dies führt zu einem unnötigen Ressourcenverbrauch, der nach Möglichkeit durch Bindung der bisherigen Mitarbeiter vermieden werden sollte.

2.4 Demografischer Wandel

Der deutsche Arbeitsmarkt ist seit einigen Jahren im Umbruch. Bedingt durch die positive Konjunkturentwicklung steigt die Nachfrage insbesondere nach Fachkräften. Gleichzeitig ist bereits heute absehbar, dass das Arbeitsangebot jüngerer Mitarbeiter in den nächsten Jahren zurückgehen wird.

Die Bundesagentur für Arbeit geht in einer Studie [Bundesagentur für Arbeit: „Perspektive 2025 – Fachkräfte für Deutschland", 2011 S. 3] davon aus, dass insgesamt das Arbeitskräftepotenzial bis zum Jahr 2025 im Vergleich zum Jahr 2010 um 6,5 Mio. Erwerbstätige sinken wird. Das Prognos-Institut [ebenda, S. 8] berechnete bis zum Jahr 2030 eine „Fachkräftelücke" in Höhe von 5,2 Mio. Personen, wovon 2,4 Mio. auf Akademiker und 600.000 auf Geringqualifizierte entfallen. Es ist davon auszugehen, dass Unternehmen und Branchen, die aus der Sicht von Mitarbeitern eher als unattraktiv eingestuft und von dieser Entwicklung früher betroffen werden, als vergleichsweise attraktive Arbeitgeber und Branchen.

Unternehmen sind dieser Entwicklung nicht schutzlos ausgeliefert. Es bestehen diverse Stellschrauben, um diesem Trend auf betrieblicher Ebene entgegen zu wirken.

Eine Stellschraube kann in einer Steigerung der Produktivität der Belegschaft gesehen werden. In diesem Bereich lässt sich zum Beispiel durch Investitionen gezielt Einfluss nehmen. Aber auch die Qualifikation und vor allen Dingen eine höhere Motivation der Arbeitnehmer sind entscheidende Ansatzpunkte.

Darüber hinaus kann dem Fachkräftemangel durch eine hohe Arbeitgeberattraktivität begegnet werden. Diese kann zum Beispiel in der fle-
xiblen und familiengerechten Gestaltung von Arbeitszeiten, aber auch
in einer ansprechenden Entlohnung gesehen werden.

Erkennbar wird daher, dass die zielgerichtete Ausgestaltung eines Mitarbeitervergütungssystems für Unternehmen wegen ihrer motivations-
steigernden Wirkung und ihrem positiven Einfluss auf die Attraktivität
des Unternehmens am Arbeitsmarkt einen hohen Stellenwert besitzen
muss, um der drohenden Problematik durch die absehbare demogra-
phische Entwicklung frühzeitig, evtl. auch gegen den Branchentrend,
wirkungsvoll zu begegnen.

3 Fixvergütung und Sozialleistungen

Die fixe Vergütung wird an Mitarbeiter über einen längeren Zeitraum in (annähernd) konstanter Höhe auf Grundlage eines Anforderungsprofils geleistet. Aus arbeitsrechtlicher Perspektive stellt die Fixvergütung das Entgelt für das vertraglich erbrachte Arbeitsergebnis in mittlerer Art und Güte dar. Moderne Vergütungssysteme sehen darüber hinaus vor, Zusatzleistungen des Mitarbeiters oder einen weitergehenden Erfolg gesondert on top zu vergüten (siehe Abschnitt 4 „Variable Vergütung").

Die Fixvergütung wird differenziert in Direktentgelt einerseits und Sozialleistungen andererseits. Direktentgelt ist identisch mit der Vergütung, die regelmäßig unter Beachtung der Anforderungs- und Marktgerechtigkeit gewährt wird. Im Gegenzug dazu umfassen die Sozialleistungen alle geldwerten Vorteile, die zusätzlich gewährt werden.

Die Unterscheidung zwischen Direktentgelt und Sozialleistungen ist in der betrieblichen Praxis weniger von Belang. Unternehmen müssen budgetorientiert denken und gewähren daher Sozialleistungen oft auf Kosten des Direktentgelts, um die Konstanz der Gesamtpersonalkosten zu gewährleisten. Somit ist eine Verteilung zwischen Direktentgelt und Sozialleistungen eher eine Frage der Bedürfnisorientierung des Mitarbeiters als der Entgeltsteuerung.

Nachfolgend wird dargestellt, wie der Prozess der Entgeltfindung gestaltet werden kann und welche Gestaltungsoptionen der Entgeltaufteilung bestehen.

3.1 Tarifvertrag als Grundlage

Einige Unternehmen leiten die Höhe der Mitarbeitervergütung und Struktur des Systems aus für sie maßgeblichen Tarifverträgen ab. Hieraus resultiert für sie jedoch nur in begrenztem Umfang die erforderliche Handlungsflexibilität. Selten bilden Tarifverträge regionale Besonderheiten oder individuelle Bedürfnisse der Unternehmen ab. Dieses Manko führte dazu, dass einige Unternehmen ihre Mitgliedschaft in einem Arbeitgeberverband kündigten und in eine OT-Mitgliedschaft (ohne Tarifbindung) wechselten, um tariffrei ein individuell passendes Vergütungsmodell gestalten zu können.

Dieses Verhalten ist selbstverständlich auf Seiten der Tarifparteien nicht unbemerkt geblieben. Daher kam der Trend auf, Öffnungsklauseln zur Einführung variabler oder leistungsorientierter Systeme zu vereinbaren, um dem Gestaltungsbedürfnis der Unternehmen zu entsprechen. Beispiele hierfür sind der Tarifvertrag über das Entgelt-Rahmenabkommen für die Metallbranche (ERA-TV) oder der Tarifvertrag für den öffentlichen Dienst (TVöD).

Zahlreiche Unternehmen verlangen aber nach noch mehr Gestaltungsfreiheit, um ihre Personalkosten flexibel an die wirtschaftlichen Erfordernisse anzupassen und weiterhin wettbewerbsfähig arbeiten zu können. Individuell konzipierte anforderungs-, leistungs- oder gewinnorientierte Systeme, die die tariflichen Vergütungsstrukturen ersetzen oder ergänzen, tragen oftmals wesentlich dazu bei, die Bedürfnisse der Unternehmen, aber auch ihrer Mitarbeiter zu erfüllen.

3.2 Festlegung und Gestaltung der Fixvergütung

Die Gestaltung eines Fixvergütungssystems ist in vielerlei Hinsicht eine anspruchsvolle Aufgabe. Dies ist vor allen Dingen dann der Fall, wenn das Unternehmen keiner Tarifbindung unterliegt. Hier bieten sich zunächst wenig direkte Orientierungspunkte, die unterstützend bei der Systemgestaltung eingesetzt werden können.

Ist eine tarifliche Orientierung nicht gegeben, sind zunächst die folgenden Aspekte zu berücksichtigen:

- Im Regelfall besteht bereits eine Vergütungsstruktur der Mitarbeiter im Unternehmen, auch wenn diese Struktur nicht immer von Arbeitnehmer- oder Arbeitgeberseite als in allen Bereichen gerechtfertigt bewertet wird. Eine Änderung der Struktur ist nicht ohne Weiteres (Tatbestand der arbeitsrechtlichen Änderungskündigung) kurzfristig und umfänglich möglich.
- Die Vergütung der Mitarbeiter ist für viele Unternehmen die umfangreichste Kostenposition. Selbst geringe prozentuale Veränderungen machen sich daher in ihren absoluten Auswirkungen sehr stark bemerkbar. Darüber hinaus ist stets zu beachten, dass eine Veränderung des Bruttogehaltes sich direkt kostenwirksam auf die Höhe der Sozialaufwendungen auswirkt.
- Die Fixvergütung stellt für die Mitarbeiter eine konstante Einnahmequelle dar. Sie hat damit aus der Perspektive der Be-

schäftigten ein anderes Gewicht (Aspekt der Einkommenssicherheit) als Zulagen, Zuschläge oder variable Einkommensbestandteile.

- Die Fixvergütungsstruktur eines Unternehmens muss die unterschiedlichen Anforderungen des Arbeitgebers an die Beschäftigten zur Erfüllung ihrer Tätigkeiten widerspiegeln. Dieser Aspekt ist auch unter dem Gesichtspunkt der Entgeltgerechtigkeit von wesentlicher Bedeutung.
- Zu guter Letzt werden über eine Fixvergütungsstruktur Zeichen gesetzt und Anreize vermittelt, zum Beispiel unter den Aspekten der Förderung der Weiterbildungsbereitschaft oder der Steigerung der Arbeitgeberattraktivität am Arbeitsmarkt.

Aber auch bei tariflicher Bindung treten einige Fragen auf, die es zu klären gilt. Hierzu zählen beispielhaft:

- Wie können die unterschiedlichen Arbeitsplätze (gerecht und zweifelsfrei) den tariflichen Lohngruppen zugeordnet werden?
- Wie können tarifliche Öffnungsklauseln aktiv zum Wohle des Unternehmens und seiner Beschäftigten genutzt werden?
- Ist die tariflich vereinbarte Vergütung grundsätzlich ausreichend, um die Arbeitgeberattraktivität im Vergleich zu anderen Unternehmen der Region zu gewährleisten und somit gegenüber anderen Arbeitgebern konkurrenzfähig zu bleiben?

3.2.1 Stellenbeschreibung als Basis der Entgeltfindung

Der Aufbau eines individuell konzipierten und auf die eigenen Ziele und Bedürfnisse ausgerichteten Vergütungssystems setzt außerhalb eines Tarifvertrags voraus, dass im Vorhinein die einzelnen Arbeitsplätze im Unternehmen erfasst, beschrieben und klar dokumentiert werden. Dieser Prozess mündet idealerweise in das Verfassen von Stellenbeschreibungen. Als Nebeneffekt dieses Prozesses können oftmals organisatorische Schwächen aufgezeigt und abgestellt werden, wodurch die Organisation auf einen aktuellen und effizienten Stand gebracht wird.
Die organisatorische Vorarbeit ist selbstverständlich mit Aufwand verbunden. Dieser wird aber schnell durch die resultierende Kostenersparnis kompensiert und sollte deshalb nicht gescheut werden.

Mittelständische Unternehmen beschäftigen selten einen Organisationsexperten. Daher ist es sinnvoll, diese Arbeiten einem externen Berater zu übertragen, der seine Erfahrung aus anderen Projekten einbringt, objektiv und nicht betriebsblind ist. Darüber hinaus ist eine Projektgruppe zu gründen, die auch die betroffenen Mitarbeiter und den Betriebsrat in entsprechender Weise einbindet.

Ein Projekt zur Einführung von Stellenbeschreibungen kann wie folgt strukturiert werden:

Projektschritt	Projektziel
Geschäftsführung formuliert Aufgabenstellung und Projektziel	Auftragsklarheit, eindeutige Sprachregelung
Analyse von Organisation, speziellen Faktoren und Vergütungsstruktur durch externen Berater	individuelle Bestandsaufnahme
Vorschlag des Beraters zur Projektorganisation	Festlegung von Aufgaben und Zuständigkeiten des Projektleiters und von Kontaktpersonen
Abstimmung zwischen Geschäftsführung und Führungskräften sowie mit Betriebsrat	Sicherstellung der Unterstützung des Projektes innerhalb des Unternehmens
Geschäftsführung benennt Mitglieder der Projektgruppe	
Projektgruppe legt Einzelschritte der Projektarbeit fest	Einheitliches Verständnis der Arbeit in der Projektgruppe
Erarbeiten von Organisationsmitteln (Formulare) sowie Informationen	Hilfsmittel dienen dem Einbezug von Führungskräften und Betroffenen
Information und Diskussion mit Führungskräften und Betriebsrat	Vorstellung der Hilfsmittel gegenüber genannten Kreisen
Mitarbeiter werden über anstehende Aktion unterrichtet und eingewiesen	Mitarbeiter sollen Gesamtüberblick erhalten und in der Lage sein, den Ist-Zustand ihres Arbeitsplatzes zu beschreiben

Projektschritt	Projektziel
Projektgruppe schult Führungs-kräfte (Anwendung der Hilfs-mittel, Formulierung der Stel-lenbeschreibung)	Einheitliche Handhabung ist we-sentlich für den Projekterfolg
Mitarbeiter beschreiben Ist-Zu-stand und geben Anregungen für Soll-Zustand	Einbindung der Betroffenen (Mo-tivation)
Führungskräfte erstellen Stel-lenbeschreibungen für ihren Zu-ständigkeitsbereich	Führungskraft muss sich detail-liert mit ihrem Zuständigkeitsbe-reich auseinander setzen
Projektgruppe prüft Rückläufer auf Aussagekraft und evtl. be-stehende Unstimmigkeiten	Sicherstellung der Einheitlich-keit und Klarheit im Gesamtzu-sammenhang
Projektgruppe wertet Anregun-gen der Mitarbeiter aus, liefert eigene Anregungen und disku-tiert diese mit Führungskräften. Ergebnis wird der Geschäftsfüh-rung zur Entscheidung vorge-legt.	Reorganisation wird aktiv einge-leitet
Stellenbeschreibungen werden angepasst und durch die Pro-jektgruppe in Abstimmung mit den Vorgesetzten den Mitarbei-tern erklärt	Abschluss der Aufbauarbeit „Stellenbeschreibung"
Übergabe der Stellenbeschrei-bungen an die Mitarbeiter, In-krafttreten der finalen Stellen-beschreibung	Kommunikation, welche Inhalte in Zukunft maßgeblich sind, wel-che Anregungen umgesetzt und welche nicht umgesetzt werden konnten. Vorgehen gewährleis-tet hohe Identifikation.

Tab. 2: Projekt zur Einführung von Stellenbeschreibungen

Hilfsmittel im Gesamtprozess können ein aktueller Organisations- oder Stellenplan, ein Erhebungs- / Fragebogen der Mitarbeiter, Arbeitsver-teilungsübersichten oder Arbeitsablaufbögen sein.
Im Ergebnis wird für jede Stelle eine Stellenbeschreibung erstellt, die die folgenden Kriterien erfüllen muss:

- Hohe Klarheit
- Dokumentation der Stellvertretung beziehungsweise Fachvertretung
- Vollmachten und Befugnisse werden nur dann benannt, wenn sie von einer generellen Regelung abweichen
- Wichtig ist die Beschreibung des „Was" der Stelle (Profil der Inhalte), nicht des „Wie" (Art und Weise der Erledigung der Inhalte)
- Verzicht auf unnötige Detaillierung
- Unterschrift des Mitarbeiters gewährleistet eine hohe Akzeptanz, kann aber auch bei Verweigerung zu Problemen führen
- Vorgesetzter und Mitarbeiter werden verpflichtet darauf zu achten, dass die schriftliche Vereinbarung der Wirklichkeit entspricht. Bei Abweichungen müssen entsprechende Anpassungen erfolgen.

3.2.2 Aspekte der Arbeitsbewertung

Tarifgebundene Unternehmen sind nicht selten an ein konkretes Verfahren zur Arbeitsbewertung gebunden, welches ein Tarifvertrag ihnen vorgibt. Durch die Anwendung eines einheitlichen Verfahrens können jedoch einzelbetrieblich Probleme entstehen, die ihre Ursache in der mangelnden Differenzierung haben. Dies ist dadurch bedingt, dass Tarifverträge in der Regel nur nach den Schwierigkeiten der Tätigkeiten differenzieren (können), die persönlichen Leistungen der Beschäftigten aber außer Acht lassen (müssen).

Geben Tarifverträge eine Eingruppierungsstruktur auf der Grundlage von Tätigkeitsbezeichnungen vor, ist daher nur selten ein befriedigendes Ergebnis hinsichtlich der Vergütungsfindung bei „einfacher" Anwendung zu erreichen. Zwar kann unproblematisch eine freihändige Zuordnung erfolgen, die aber bei näherer Betrachtung eine korrekte Abstufung des Vergütungsgefüges oft vermissen lässt. Ursache ist, dass die im Tarifvertrag genannten Tätigkeitsaufzählungen nie abschließend sind.

Unabhängig von den tarifvertraglich aufgeführten Tätigkeiten können einerseits die Produktionsbedingungen der Unternehmen sehr unterschiedlich sein. Ein und dieselbe Tätigkeit kann zum Beispiel einen unterschiedlichen Einsatz von Hilfsmitteln aufweisen oder einen abweichenden Grad von Selbständigkeit des Mitarbeiters erfordern. Andererseits kann die Beschreibung der Tätigkeiten aber auch Organisationsaspekte vermissen lassen. Diese können zum Beispiel durch entstehende Kontrolltätigkeiten oder Weisungsbefugnisse von Relevanz werden. Diese in den Aspekten Produktionsbedingungen und Organisation abweichenden Konstellationen können, müssen aber nicht eine unterschiedliche Vergütung der Beschäftigten eines Unternehmens oder zwischen Unternehmen rechtfertigen.

Die heutige Arbeitswelt lässt zudem eine hohe Anzahl weiterer Anforderungen an die Beschäftigten entstehen, die von unterschiedlicher Konstellation und Bedeutung sind. Allgemeingültige Aussagen sind daher über Tarifverträge selten möglich.

Beinhaltet der Tarifvertrag dagegen hinsichtlich der Zuordnung der Mitarbeiter zu Entgeltgruppen durch Anwendung eines Bewertungsverfahrens eine Öffnungsklausel, ist durchaus eine Individualisierung des Einstufungsverfahrens möglich. Arbeitsbewertungsverfahren, die die jeweiligen Gesamtanforderungen und Schwierigkeitsgrade von Arbeitsplätzen oder Arbeitsvorgängen erfassen und gewichten, können daher als eine objektive Lösung zur Ermittlung einer Vergütungsstruktur betrachtet werden.

3.2.3 Verfahren der Arbeitsbewertung

Zur Arbeitsbewertung können unterschiedliche Verfahren herangezogen werden. Auf einer ersten Stufe sind die analytische und die summarische Bewertung voneinander zu unterscheiden. Die analytische Methode betrachtet die an den Mitarbeiter gestellten Anforderungen einzeln und bewertet sie. Die Einzelwerte werden zu einem Gesamtergebnis addiert. Im Gegensatz zur analytischen Methode bewertet die summarische Methode die an den Mitarbeiter gestellten Anforderungen in der Summe als Ganzes in einem Arbeitsschritt. Das jeweilige Ergebnis des Bewertungsverfahrens gibt Rückschluss auf die Zuordnung des Mitarbeiters zu einer Entgeltgruppe.

Die analytische Bewertungsmethode kann auf zweierlei Wegen praktiziert werden: per Stufenwertzahlverfahren und per Rangreihenverfahren. Ersteres ordnet jede Anforderungsart zuvor festgelegten Stufen zu und gewichtet sie anschließend (siehe im Detail Abschnitt 3.2.3.1). Das Rangreihenverfahren dagegen vergleicht die Anforderungen über alle

Arbeitsplätze im Unternehmen miteinander und bringt sie anschließend in eine Hierarchie (siehe im Detail Abschnitt 3.2.3.2).

Auch die summarische Bewertungsmethode kennt zwei Unterausprägungen. Dies sind das Rangfolgeverfahren und das Katalogverfahren. Ersteres erfasst alle Anforderungsarten im Ganzen pro Arbeitsplatz, vergleicht sie miteinander und bringt die Gesamtheit der Anforderung in eine Rangfolge. Das Katalogverfahren dagegen vergleicht alle Anforderungsarten eines Arbeitsplatzes mit zuvor erstellten Richtbeispielen und leitet hieraus die Zuordnung des Arbeitsplatzes ab.

In der betrieblichen Praxis kommt heutzutage überwiegend die analytische Methode zur Anwendung. In Anlehnung an das sogenannte „Genfer-Schema" kann die Bewertung untergliedert werden in die Aspekte

- geistiges und körperliches Können,
- geistige und körperliche Belastung sowie
- durch Umwelteinflüsse bedingte Merkmale.

Geistiges Können ist das bereits erworbene Wissen, das der Mitarbeiter zur Ausübung einer Tätigkeit mitbringen muss. Hierzu gehören nicht nur die Berufsausbildung, sondern auch seine Erfahrung und sein Denkvermögen. Das körperliche Können umfasst dagegen die Aspekte Geschicklichkeit, Handfertigkeit und Muskelkraft.

Die technologische Entwicklung bringt mit sich, dass insbesondere das körperliche Können zunehmend an Bedeutung verliert, die Stellung der geistigen Belastungsaspekte in Form angespannten Beobachtens und Verfolgens von Arbeitsabläufen dagegen zunimmt.

Übernimmt der Mitarbeiter zudem Aufsichts- oder Überwachungsfunktionen, fließen auch Verantwortungsaspekte in die Bewertung ein. Weitere Bewertungsaspekte können sich auch durch Aufgaben der Menschenführung, einen unregelmäßigen Arbeitstakt (zum Beispiel Wechselschicht), Phantasie, Initiative oder Verschwiegenheit des Mitarbeiters gegenüber Dritten ergeben.

Im Rahmen der Auswahl relevanter Bewertungsfaktoren ist jedoch gleichzeitig darauf zu achten, dass die Anzahl der bewerteten Aspekte nicht zu groß wird, um eine hohe Komplexität des Bewertungsprozesses und eine dadurch bedingte Kostenbelastung zu vermeiden. Gleichzeitig kann eine hohe Anzahl von Faktoren mit sich bringen, dass bestimmte Merkmale über unterschiedliche Faktorenkanäle mehrfach in die Bewertung einfließen, was zu Ungenauigkeiten und entsprechenden Ungerechtigkeiten führen kann.

Insbesondere im Mittelstand ist ein Arbeitsbewertungssystem möglichst einfach und einheitlich für gewerbliche und kaufmännische Mitarbeiter zu gestalten. Diesen Anspruch kann man insbesondere dadurch erfüllen, dass Einflüsse der Umgebung ausgeklammert und gegebenenfalls getrennt vergütet werden.

Welches Bewertungsverfahren in welcher Ausprägung bei Tarifbindung praktiziert wird, ist in erster Linie von der Ausgangslage des Unternehmens abhängig. Folgende Situationen können unterschieden werden:

- Der Tarifvertrag des Unternehmens benennt konkret das Arbeitsbewertungsverfahren und dessen Durchführungsbestimmungen. Hier besteht keine Gestaltungsfreiheit des Unternehmens.

- Ein Manteltarifvertrag enthält diesbezüglich eine Öffnungsklausel. Die im Tarifvertrag genannten Entlohnungsgrundsätze können durch ein individuell auf das Unternehmen zugeschnittenes Bewertungsverfahren verfeinert werden, das dann über eine Betriebsvereinbarung innerbetrieblich geregelt wird.

- Der Tarifvertrag gibt kein konkretes Entlohnungssystem vor. In diesem Fall kann auf Grundlage von § 87 Abs. 1 Nr. 10 BetrVG ein Arbeitsbewertungsverfahren durchgeführt werden.

- Das Bewertungsverfahren dient lediglich als Kontrollinstanz um festzustellen, ob die im Unternehmen vorhandenen Stellen richtig in den tarifvertraglichen Katalog eingestuft werden.

3.2.3.1 Beispiel: Stufenwertzahlverfahren

Das Stufenwertzahlverfahren ist ein insbesondere für mittelständische Unternehmen sinnvolles Arbeitsplatzbewertungsverfahren. Aus diesem Grunde wird nachfolgend ein Modell zur Arbeitsplatzbewertung auf dieser Grundlage beispielhaft skizziert.

Zunächst wird davon ausgegangen, dass das Unternehmen über eine systematische Aufbauorganisation verfügt sowie die Aufgabenbereiche und Stelleninhalte über Stellenbeschreibungen geklärt sind.

In einem ersten Schritt werden drei Anforderungsgruppen und ihr Einzelgewicht im Rahmen der Bewertung festgelegt. Dies seien beispielsweise:

- Können mit 45%
- Belastung mit 25%
- Verantwortung mit 30%

Die Anforderungsgruppen werden durch die Ermittlung von Anforderungsarten verfeinert. So kann zum Beispiel die Gruppe „Können" in die Arten „Geistige Fähigkeiten", „Körperliche Fähigkeiten" und „Unternehmenserfahrung" untergliedert werden, wobei hier die Gewichteverteilung wie folgt ausgestaltet werden kann:

- Geistige Fähigkeiten mit 45%
- Körperliche Fähigkeiten mit 20%
- Unternehmenserfahrung mit 35%

Die definierten Anforderungsarten werden in einem nächsten Schritt in Stufen untergliedert, beschrieben und mit entsprechenden Wertzahlen versehen. Das Ergebnis kann zum Beispiel für die Anforderungsart „Unternehmenserfahrung" die folgende Gestalt annehmen:

Stufe	Wert-zahl	Beschreibung
A	6	Erfahrung von weniger als 6 Monaten
B	12	Erfahrung von weniger als 18 Monaten
C	18	Erfahrung von weniger als 2 Jahren
D	24	Erfahrung von weniger als 4 Jahren
E	30	Erfahrung von 6 und mehr Jahren

Tab. 3: Wertzahlen / Aspekt Unternehmenserfahrung

Im Rahmen der Bewertung der einzelnen Stellen wird nun jedem Arbeitsplatz entsprechend der zutreffenden Beschreibung nach den vorgegebenen Anforderungspunkten eine entsprechende Wertzahl zugeordnet. Wir gehen davon aus, dass der bewertete Mitarbeiter über eine Unternehmenszugehörigkeit von drei Jahren verfügt, was Stufe C entspricht. Demnach erlangt er in diesem Aspekt eine Wertzahl von 18. Diese Wertzahl wird zur Ermittlung der Gesamtsumme mit den Gewichten 35% (Aspekt „Unternehmenserfahrung" innerhalb der Gruppe „Geistige Fähigkeiten") und 45% (Gewicht der „Geistigen Fähigkeiten") wie folgt multipliziert: 18 x 35% x 45% = 2,835.
Jede Anforderungsart kann eine unterschiedliche Anzahl von Stufen umfassen. Die Gestaltung der Wertzahlenzuordnung kann, wie im obigen Beispiel, linear ausgestaltet sein. Alternativ kann aber auch eine Zuordnung in degressiver, progressiver oder variierender Form erfol-

gen. Die jeweilige Wertzahlenzuordnung vermittelt dabei die Bedeutung einer einzelnen Stufe im Gesamtbild der einzelnen Anforderungsart.

In einem weiteren Arbeitsschritt werden die Einzelwerte aufaddiert. Die sich ergebenden Gesamtwertzahlen der Beschäftigten werden den jeweiligen Vergütungsgruppen im Nachgang zugeordnet. Das Grundgehalt des Mitarbeiters, bestehend aus einer Basisvergütung, zuzüglich des sich aus dem Punktewert abgeleiteten Arbeitswerts, lässt sich nun direkt bestimmen:

Entgelt-gruppe	Punkte-spanne	Arbeitswert in €	Grundgehalt (€ 1.500 Basisvergütung plus Arbeitswert)
1	5-10	120	1.620
2	11-15	240	1.740
...	...	...	...
7	36-40	840	2.340
...	...	...	...
14	71-75	1.680	3.180
15	76-80	1.800	3.300

Tab. 4: Entgeltgestaltung beim Stufenwertzahlverfahren

In unserem Beispiel hat der Mitarbeiter in der Summe einen Gesamtpunktewert von 38 erzielt. Dies entspricht einem Basisgehalt von € 1.500, einem Arbeitswert von € 840 und demnach in der Summe einem Grundgehalt von € 2.340 pro Monat.

3.2.3.2 Arbeitsplatzbewertung über Rangreihenverfahren

Das Rangreihenverfahren ist in seiner Ausgestaltung komplexer als das Stufenwertzahlverfahren. Hier werden die einzelnen Arbeitsplätze eines Unternehmens getrennt für jede Anforderungsart einem entsprechenden Rang auf einer Skala von Null bis 100 zugeordnet. Der ermittelte Rangplatz entspricht einem Punktewert, der, wie beim Stufenwertzahlverfahren, mit einem zuvor festgelegten Gewicht multipliziert wird. Die Berechnungsergebnisse der Anforderungsarten werden zu einem Gesamtergebnis summiert. Die Rangziffernsummen können in Anlehnung an Tabelle 4 in eine Fixvergütung des Mitarbeiters konvertiert werden.

Insbesondere für größere mittelständische Unternehmen empfiehlt sich die Durchführung der Arbeitsplatzbewertung im Rahmen des Rangreihenverfahrens durch Zuhilfenahme von REFA-Brückenbeispielen und der entsprechenden REFA-Bewertungstafeln. Der Anwender sollte jedoch mit diesen Instrumenten vertraut sein, um sie korrekt auf die zu bewertenden Arbeitsplätze anwenden zu können. Empfehlenswert ist in dieser Hinsicht die fachliche Verstärkung im Projekt durch einen zertifizierten REFA-Berater.

3.2.4 Die Arbeitsplatzbewertung als Projekt

Erster Schritt zur Durchführung eines Bewertungsverfahrens ist die Gründung einer Projektgruppe. Der Projektgruppe müssen fachlich und menschlich versierte Mitarbeiter des Unternehmens angehören, die über einen umfassenden Überblick über die Struktur der Arbeitsplätze im Unternehmen verfügen. Darüber hinaus ist es sinnvoll, die Projektgruppe durch einen erfahrenen externen Berater zu verstärken, der nicht nur sein Know-how einbringt, sondern auch den Kontakt zwischen der Gruppe und der Geschäftsleitung sicherstellt.

Ein Projekt zur Bewertung der Arbeitsplätze beinhaltet die folgenden Schritte und Projektziele:

Projektschritt	Projektziel
Konzeptionierung des Systems durch die Projektgruppe hinsichtlich Anforderungsarten, Stufendefinition und Anwendungsrichtlinien	Berücksichtigung der betrieblichen Anforderungen sowie der graduellen Abstufungen
Arbeitsplätze mit besonderem Stellenwert ermitteln und vorläufig bewerten (Systementwurf und Quervergleich)	Schaffung von Orientierungspunkten durch Bewertung von Schlüsselarbeitsplätzen
Gewichtungsvergleich, Korrektur des Systems, Ermittlung der finanziellen Auswirkungen	Gewichtungen müssen der Struktur der Anforderungen entsprechen
Präsentation des (vorläufigen) Systems (evtl. mit Alternativen) gegenüber der Geschäftsleitung	Information der Unternehmensführung, Sicherstellung identischer Auffassungen und Ziele

Verhandlung und Abschluss einer Betriebsvereinbarung	Sicherstellung der betrieblichen Mitbestimmung und Schaffung einheitlicher Auffassungen auch mit der Mitarbeiterseite.
Erarbeitung von Hilfsmitteln, Richtlinien, Informations- und Schulungsunterlagen	Sicherstellung der fehlerfreien Anwendung und hohen Akzeptanz der Mitarbeiter
Information der Führungskräfte	Sicherstellung der korrekten Anwendung und identischer Sichtweisen; Interpretationsspielraum des Einzelnen reduzieren
Besetzung der Mitglieder der Bewertungskommission	
Schulung der Mitglieder der Kommission in der Anwendung des Bewertungssystems	Sicherstellung der korrekten Anwendung
Vorläufige Bewertung der Arbeitsplätze und Quervergleich	Gesamtbewertung ergänzt die vorherige Bewertung von Schlüsselarbeitsplätzen und ermöglicht einen Quervergleich für das Gesamtunternehmen
U.U. Anpassung einzelner Bewertungsmaßstäbe	Korrektur des Systems zur Gewährleistung korrekter Ergebnisse
Feststellung endgültiger Bewertungsergebnisse und Zuordnung zum Vergütungssystem	
Information der Mitarbeiter	Akzeptanz der Beschäftigten muss sichergestellt sein

Tab. 5: Projekt zur Bewertung von Arbeitsplätzen

3.3 Zusatzkomponenten der Fixvergütung

Ergänzend zur Fixvergütung können auch Zulagen gewährt werden, die oft eine Steuervergünstigung mit sich bringen. Insbesondere bei Geringverdienern ist auch der Einsatz von vermögenswirksamen Leistungen sinnvoll, die jedoch von vielen Unternehmen (zu Unrecht) als veraltet und unattraktiv eingestuft werden.

3.3.1 Steuervergünstigte Bezüge

Das Lohnsteuerrecht stellt ein wichtiges Element im Rahmen der Vergütungsgestaltung dar. Unternehmen und ihre Mitarbeiter bevorzugen nicht selten Vergütungsinstrumente, die auch steuerrechtlich einen Mehrwert verkörpern.

Der Katalog der steuerlich geförderten Vergütungselemente ist sehr umfangreich, unterschiedlich in seinen Effekten und ständig im Fluss. Dies bringt mit sich, dass Unternehmen die von ihnen gewährten Instrumente regelmäßig auf ihre Aktualität überprüfen müssen, um eine (steuer-)optimale Wirkungsweise zu erzielen.

Steuerfreie Einkünfte sind abschließend im § 3 EStG aufgeführt und ergänzend im LStR konkretisiert. Hierzu zählen zum Beispiel die Leistungen einer Krankenkasse, das Arbeitslosengeld oder Kinderzuschüsse. Steuerfreie Einkünfte können aber auch aus einem Arbeitsverhältnis resultieren. In diesem Rahmen kennt § 3 die folgenden Möglichkeiten:

- Reisekostenvergütungen (Ziffer 16), sofern sie die Pauschbeträge gemäß § 4 Abs. 5 Satz 1 Nr. 5 nicht übersteigen.
- Mehraufwendungen (Ziffer 16), sofern die Pauschbeträge gemäß § 9 Absatz 1 Satz 3 Nummer 5 und Absatz 5 sowie § 4 Absatz 5 Satz 1 Nummer 5 nicht übersteigen.
- Umzugskosten (Ziffer 16) ohne Begrenzung.
- Werkzeuggeld (Ziffer 30), soweit die Aufwendungen des Arbeitnehmers nicht offensichtlich überschritten werden.
- Sammelbeförderung der Arbeitnehmer (Ziffer 32) in unentgeltlicher oder verbilligter Form.
- Aufwand für die Unterbringung von nicht schulpflichtigen Kindern (Ziffer 33) ohne Begrenzung.
- Leistungen zur Verbesserung des allgemeinen Gesundheitszustandes und der betrieblichen Gesundheitsförderung unter Beachtung der §§ 20 und 20a SGB V bis zu einer Obergrenze von € 500 p.a.
- Leistungen, die der Arbeitgeber im regulären Geschäftsverkehr an Dritte (Kunden) veräußert, können bis zu einer Obergrenze von € 1.080 p.a. in Form von Sachprämien zugewendet werden.
- Zuwendungen zur Begründung einer Mitarbeiterkapitalbeteiligung bis zu einer Obergrenze von € 360 p.a.
- Vorteile des Arbeitnehmers aus der Nutzung von betrieblichen Telefonapparaten oder Computern inklusive Zubehör und Software (Ziffer 45).

- Ausgaben des Arbeitgebers für die Zukunftssicherung der Arbeitnehmer in Form einer Lebensversicherung (Ziffer 62), einer Pensionskasse, einer Direktversicherung oder eines Pensionsfonds (Ziffer 63).
- Beihilfen und Unterstützungen, die wegen Hilfsbedürftigkeit bei Tod oder Krankheit bis zu einer Obergrenze von € 600 p.a. gewährt werden (LStR R 3.11).
- Aufmerksamkeiten des Arbeitgebers wie zum Beispiel ein Buch, Tonträger, Blumen, Tankgutscheine, Speisen oder Getränke bis zu einer monatlichen Obergrenze von € 44 (LStR R 19.6). Zu beachten ist hier ausdrücklich, dass die Auszahlung des Gutscheinbetrages explizit ausgeschlossen sein muss (BFH VI R 21/09) und Nebenaufwendungen, die im Rahmen der Beschaffung anfallen (z.B. Versandkosten) dem Warenwert hinzugerechnet werden, d.h. also insgesamt die Wertgrenze von € 44 nicht überschritten werden darf (Finanzgericht Baden-Württemberg, Urteil vom 4.8.2016, Az. 10 K 2128/14). Sachzuwendungen, die den Wert von € 44 übersteigen, können auch pauschalversteuert auf Grundlage von § 37 EStG gewährt werden.
- Erhält der Mitarbeiter von seinem Arbeitgeber ein Geschenk zu einem einmaligen oder selten wiederkehrenden Anlass, kann dieses Geschenk (Aufmerksamkeit) für sich genommen einen Wert von bis zu € 60 haben. Hierbei sollte beachtet werden, dass Feiertage keinen steuerlich anerkannten Anlass darstellen (LStR R 19.6).
- Dieselbe Regelung ist im Übrigen auch für Getränke und Speisen anzuwenden, die der Arbeitgeber seinen Mitarbeitern bei ganz besonderen Anlässen oder bei einem besonderen Arbeitseinsatz oder im Rahmen einer Sitzung gewährt.

Beispiel:
Einkommen ohne Gewährung von Tankgutscheinen

Monatsgehalt	€	2.500,00
Jahresgehalt (12 Gehälter)	€	30.000,00
Lohnsteuer p.a.	€	4.459,20
Steuersatz (Kl. 1, 0 Kinder, Kirche)	%	14,89
Sozialversicherungsbeiträge p.a.	€	6.127,56
Nettojahresgehalt	€	19.413,24

Einkommen mit Gewährung von Tankgutscheinen

Monatsgehalt	€	2.500,00
Tankgutscheine (12 x € 44, steuerfrei)	€	528,00
Jahresgehalt (12 Gehälter)	€	30.528,00
Lohnsteuer p.a.	€	4.459,20
Steuersatz (Kl. 1, 0 Kinder, Kirche)	%	14,61
Sozialversicherungsbeiträge p.a.	€	6.127,56
Nettojahresgehalt	€	19.941,24
effektive Lohnerhöhung	%	2,72

Tipp:
Beachten Sie unbedingt, dass die oben genannten Grenzen der Gewährung geldwerter Vorteile keinesfalls überschritten werden dürfen. Andernfalls führt dies zur Versteuerung und Verbeitragung des gesamten gewährten Betrages.
Jobtickets sind vom Arbeitgeber monatlich zu erwerben und im Anschluss dem Mitarbeiter zur Verfügung zu stellen. Ein Erwerb durch den Mitarbeiter mit nachträglicher Abrechnung mit dem Arbeitgeber oder der Kauf eines Jahrestickets werden dagegen nicht als Sachzuwendung anerkannt.

Oftmals wird auch von Mitarbeitern als attraktiv empfunden, wenn ihnen die private Nutzung von Firmenwagen oder Firmenfahrrad ermöglicht wird. In diesen Fällen wird jedoch monatlich die Hinzurechnung eines einprozentigen Anteils des Bruttolistenpreises des Fahrzeuges (unabhängig vom Alter des Fahrzeuges oder evtl. gewährter Rabatte beim Fahrzeugkauf) als geldwerter Vorteil zugrunde gelegt. Dies gilt jedoch nicht zum Beispiel für den Fall, dass der Mitarbeiter über das Führen eines Fahrtenbuches den exakten Nutzungsumfang dokumentiert und damit unter Umständen einen geringeren geldwerten Vorteil tragen muss.

Entscheidend bei der Nutzung von steuerfreien Entgeltbestandteilen ist, dass sie zusätzlich zur vereinbarten Vergütung geleistet werden. Eine Umwandlung von vertraglich zu gewährenden Vergütungsanteilen in steuerlich bevorzugte „Auszahlungskanäle" erlaubt das Lohnsteuerrecht stattdessen nicht.

3.3.2 Vermögenswirksame Leistungen

Vermögenswirksame Leistungen (VL) sind Geldleistungen, die der Arbeitgeber für den Arbeitnehmer anlegt (§ 2 5.VermBG). Nicht selten wird dies dahingehend missverstanden, dass der Arbeitgeber VL als Entgeltzusatzkomponente gewähren muss. Das ist aber nicht der Fall.

VL liegen dann vor, wenn der Arbeitnehmer mit einem Anlageinstitut einen VL-Sparvertrag abschließt, diesen Vertrag seinem Arbeitgeber vorlegt mit dem Verlangen, die im Vertrag vorgesehene Sparrate zu den vereinbarten Zahlungszeitpunkten vom berechneten Netto in Abzug zu bringen und an das Anlageinstitut abzuführen (§ 11 5.VermBG).

In vielen Branchen und Unternehmen sind VL Entgeltbestandteil Kraft Tarif- oder Arbeitsvertrag. In diesen Fällen wird ein VL-Anteil als Arbeitgeberzulage brutto steuer- und SV-pflichtig gewährt. Der Mitarbeiter kann unabhängig von der Gewährung dieser Zulage eine höhere, gleiche, geringere oder gar keine VL-Sparrate an das Anlageinstitut vom Arbeitgeber abführen lassen.

Das 5. Vermögensbildungsgesetz (5.VermBG) nennt unterschiedliche Anlageformen:

- Bausparen
- Sparvertrag über Wertpapiere oder andere Vermögensbeteiligungen (§ 4 5.VermBG)
- Mitarbeiterkapitalbeteiligung in Form eines Wertpapier-Kaufvertrages (§ 5 5.VermBG), eines Beteiligungs-Vertrages (§ 6 5.VermBG) oder eines Beteiligungs-Kaufvertrages (§ 7 5.VermBG)
- Sparvertrag mit einem Kreditinstitut (§ 8 5.VermBG)
- Kapitalversicherungsvertrag (§ 9 5.VermBG)

VL-Sparen ist dann für den Arbeitnehmer attraktiv, wenn er VL-sparzu-lageberechtigt ist. Die Berechtigung lässt sich einerseits ableiten aus der Anlageform, andererseits aus der Höhe seines zu versteuernden Einkommens. Darüber hinaus sollte bei der Wahl der VL-Anlageform die erforderliche Sperrfrist berücksichtigt werden.

Einen Überblick über die einzelnen gesetzlichen Bestimmungen gibt die nachfolgende Tabelle.

Anlageform	Sperr-frist (Jahre)	Obergrenze Einkommen (alleinste-hend/ verhei-ratet)	maximaler Anlagebetrag / Sparzulage in % auf Anla-gebetrag
Bausparen	7	17.900 / 35.800	€ 470 /9% (= € 42,30)
Sparvertrag Wertpapiere		20.000 / 40.000	€ 400 / 20% (= € 80)
Mitarbeiterkapi-talbeteiligung	6		
sonstige VL-An-lageformen	keine VL-Sparzulage		

Tab. 6: Vermögenswirksame Leistungen

Unter finanzwirtschaftlichen Gesichtspunkten betrachtet (Höhe der Sparzulage, Sperrfrist) ist daher dem Mitarbeiter zu empfehlen, mit erster Priorität in Form einer Mitarbeiterkapitalbeteiligung VL anzuspa-ren und darüber hinaus, sofern es sein Budget erlaubt, sich dem Wert-papiersparen und dem Bausparen zuzuwenden.

3.3.3 Cafeteria-Systeme

In den 90er Jahren erlebten die sogenannten Cafeteria-Systeme ihre Blütezeit, die auch gegenwärtig in der betrieblichen Praxis angewendet werden. Hierbei handelt es sich um ein System, das den Mitarbeitern den Zugang zu unterschiedlichen Vergütungszusatzinstrumenten ge-währt, wobei der Mitarbeiter die Möglichkeit hat, ein definiertes Budget über unterschiedliche Instrumente abzurufen.

Auf den ersten Blick wirken Cafeteria-Systeme sinnvoll und attraktiv, da sie die Bedienung einer Vielzahl von Mitarbeiterbedürfnissen ermöglichen. Sie bringen jedoch auch die nachfolgenden nachteiligen Aspekte mit sich:

- Das Arbeit gebende Unternehmen muss gleichzeitig mehrere Systeme zur Verfügung stellen und abrechnen können.
- Jedes System muss zunächst vom Unternehmen verstanden und in einem zweiten Schritt den Mitarbeitern korrekt vermittelt werden. Darüber hinaus bringt aber auch jedes System Änderungen im Zeitablauf mit sich, die erkannt und umgesetzt werden müssen. Somit wird ersichtlich, dass Unternehmen in der Lage sein müssen, diesen Zusatzaufwand abzubilden.
- Auch die Mitarbeiter müssen in der Lage sein, die einzelnen Systeme im Detail zu erfassen und deren Nutzen für die eigene Person und Situation zu erkennen. Dies erfordert ein intellektuelles Niveau, das möglicherweise nicht in der gesamten Belegschaft vorhanden ist.

Somit sollte kritisch hinterfragt werden, ob eine attraktiv wirkende Theorie auch nutzbringend in der betrieblichen Praxis angewendet werden kann.

4 Variable Entlohnungsformen

Die variable Vergütung von Mitarbeitern kann in unterschiedlicher Form ausgestaltet werden. Insgesamt stehen dem Anwender 18 verschiedene Varianten zur Auswahl:

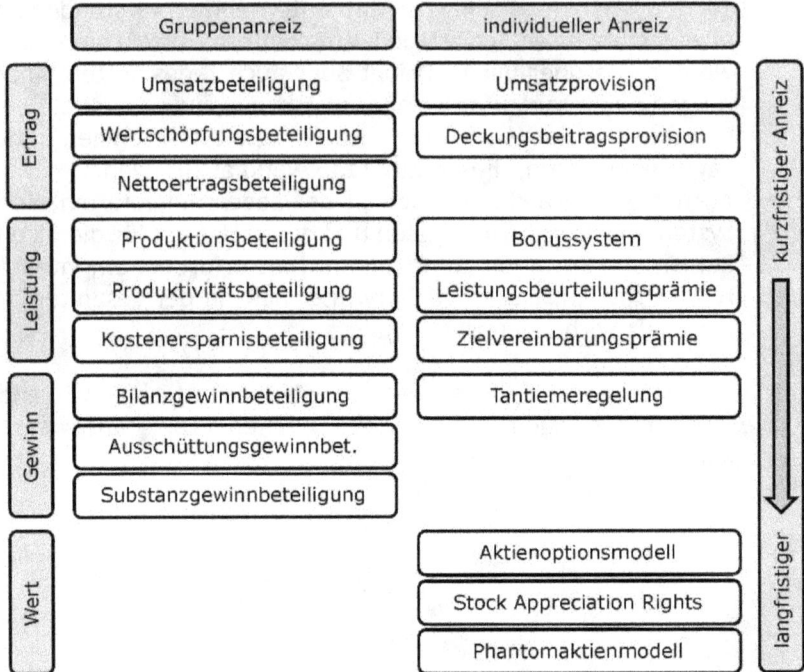

	Gruppenanreiz	individueller Anreiz	
Ertrag	Umsatzbeteiligung	Umsatzprovision	
	Wertschöpfungsbeteiligung	Deckungsbeitragsprovision	
	Nettoertragsbeteiligung		
Leistung	Produktionsbeteiligung	Bonussystem	kurzfristiger Anreiz
	Produktivitätsbeteiligung	Leistungsbeurteilungsprämie	
	Kostenersparnisbeteiligung	Zielvereinbarungsprämie	
Gewinn	Bilanzgewinnbeteiligung	Tantiemeregelung	
	Ausschüttungsgewinnbet.		
	Substanzgewinnbeteiligung		
Wert		Aktienoptionsmodell	langfristiger
		Stock Appreciation Rights	
		Phantomaktienmodell	

Abb. 1: Formen der variablen Vergütung

Die hohe Vielfalt braucht den Praktiker aber nicht zu verwirren. Zur Identifikation des für den individuellen Fall geeigneten Vergütungsmodells ist es hilfreich, zunächst die folgenden drei Fragen zu beantworten:

- Soll die variable Vergütung auf der Grundlage von Ertrag (zum Beispiel auf der Basis von Umsatz oder Wertschöpfung), Leistung, Gewinn oder Unternehmenswert ermittelt werden (Ausgangsgröße des Modells)?

- Ist das Modell der variablen Vergütung an einzelne Mitarbeiter oder an eine Gruppe von Mitarbeitern (bei individueller Verteilung des Erfolgsanteils auf nachgelagerter Ebene) adressiert? Historisch gesehen ist der Gruppenansatz eine Antwort auf Fehlentwicklungen, die in der Vergangenheit bei der Gestaltung von Leistungslohnmodellen gemacht wurden. Der Gruppenansatz zielt darauf ab, das Gruppendenken, die Leistung der Gemeinschaft und das Miteinander im Team zu fördern. Genau das ist eine Stärke dieser Modelle. Die Erfahrung zeigt, dass gerade bei Bestehen einer variablen Vergütung die Gruppe insgesamt darauf achtet, dass nicht einzelne sich den vereinbarten Leistungsnormen entziehen. Die Reglementierung eines Abweichlers durch die Gruppe sollte jedoch stets im Toleranzbereich bleiben. Es ist unstrittig, dass unzumutbare Verhaltensformen (Mobbing, Denunzierung etc.) durch variable Vergütungsmodelle nicht ausgelöst werden dürfen.

- Ist eine kurz- oder eher langfristige Anreizwirkung gewünscht? Der kurzfristige Ansatz spielt immer dann eine Rolle, wenn der Mitarbeiter zeitnah belohnt werden soll. Hintergedanke ist hier, dass der Mitarbeiter die erbrachte Leistung des zurückliegenden überschaubaren Zeitraums selber einschätzt und zeitnah sein Verhalten auf Basis des Feedbacks aus dem variablen Vergütungsmodell korrigiert. Längerfristige Vergütungshorizonte treten im Gegensatz dazu oft dann in den Vordergrund, wenn Aspekte der Betriebsbindung eine Rolle spielen.

Bei der Beantwortung dieser drei Fragen müssen grundsätzlich die folgenden Aspekte im Mittelpunkt stehen. Dies sind:

a) Was nützt dem vergütenden Unternehmen unter betriebswirtschaftlichen Gesichtspunkten?

b) Welche Modelltypen werden von den betroffenen Mitarbeitern verstanden, welche Typen überfordern sie?

c) Welche Detailgestaltung wird von den Mitarbeitern als gerecht und für sie nutzenstiftend angesehen?

Die einzelnen variablen Vergütungsformen werden in den folgenden Abschnitten im Detail dargestellt sowie ihre Vor- und Nachteile sowie Einsatzbereiche erläutert.

4.1 Ertragsorientierte Vergütung

Die variable Vergütung von Mitarbeitern hat ihre Urwurzeln in der Modellvariante der Umsatzprovision beziehungsweise in ihrer teamorientierten Ausprägung, der Umsatzbeteiligung. Hier wird der einzelne Mitarbeiter oder die Gruppe ausschließlich auf Grundlage des erreichten Umsatzes variabel vergütet. Kostenaspekte oder Gesichtspunkte des Unternehmensgewinns bleiben vollkommen unberücksichtigt. Dieser Tatbestand ist aus betriebswirtschaftlicher Sicht problematisch. Zudem kann es zu Fehlsteuerungen hinsichtlich der Anreizwirkung des Vergütungsmodells kommen.

Eine Ausschüttung kann in der Modellwelt der Umsatzbeteiligung zum Beispiel dann erfolgen, wenn

- der Umsatz gehalten,
- ein absolut definiertes Umsatzniveau überschritten oder
- eine prozentuale Umsatzsteigerung erreicht (oder gehalten) wird.

Umsatzorientierte Modelle wurden überwiegend zu einer Zeit praktiziert, in der vom getätigten Umsatz in relativ verlässlicher Form auf das resultierende Unternehmensergebnis geschlossen werden konnte. In der heutigen Wirtschaftswelt kommt diese Sichtweise einem betriebswirtschaftlichen Exitus gleich und sollte daher nur mit äußerster Vorsicht umgesetzt werden. Lediglich in der Gastronomie, einzelnen Handelsbereichen oder im Dienstleistungssektor kann heute noch die Anwendung einer Umsatzprovision oder Umsatzbeteiligung empfohlen werden, sofern das Modell einen Mindestertrag grundsätzlich zur Voraussetzung hat.

Modelle der variablen Vergütung auf Umsatzbasis können einer Verfeinerung unterzogen werden, indem der erreichte Umsatz um Lagerbestandsveränderungen korrigiert und Fremdleistungen in Abzug gebracht werden (Wertschöpfungsbeteiligung). Durch weitere Berücksichtigung von kalkulatorischen Kosten (zum Beispiel Eigenkapitalzins, Risikobeitrag, Unternehmerlohn) gelangt man zur Nettoertragsbeteiligung. Aber auch diese beiden Modelltypen bedürfen einer detaillierten betriebswirtschaftlichen Prüfung, bevor sie zur Umsetzung gelangen.

Umsatzorientierte Vergütungsformen sind stets marktorientiert und blenden prozessorientierte Bewertungskriterien grundsätzlich aus. Betriebswirtschaftlich als sinnvoll kann aber durchaus eine deckungsbeitragsorientierte Vergütung für den Bereich Vertrieb eines mittelständischen Unternehmens angesehen werden. Üblicherweise ist der Deckungsbeitrag II (DB II) die den Modellen zugrunde liegende Ausgangsgröße. Der DB II wird dabei nach folgendem Schema berechnet:

> *Bruttoumsatz*
> *./. Erlösschmälerungen (Skonti, Boni, direkte und indirekte Rabatte)*
> *= Nettoumsatz*
> *./. Produktkosten (zum Beispiel Wareneinsatz)*
> *./. Leistungskosten (zum Beispiel Fertigungs- oder Transportkosten)*
> *= Deckungsbeitrag I (DB I)*
> *./. Kostenstellenkosten des Profitcenters*
> *./. in Anspruch genommene Kosten des Profitcenters anderer Bereiche*
> *= Deckungsbeitrag II (DB II)*

Tipp:
Dem Vergütungsmodell sollte immer diejenige Rechengröße zugrunde liegen, die der betroffene oder die betroffenen Mitarbeiter auch direkt beeinflussen kann oder können. Ein deckungsbeitragsorientiertes Vergütungsmodell für einen Vertriebsleiter kann aus dieser Logik heraus über den DB II hinaus auch Marketingmaßnahmen (zum Beispiel Werbeaufwand für Messeauftritte) oder die Personalkosten seines Bereiches umfassen. In dieser Form sind der DB III oder DB IV geeignete Zielgrößen.

4.2 Leistungsorientierte Vergütung

Variable Vergütungsmodelle, die die Leistung oder Zusatzleistung der Beschäftigten belohnen, liegen stets zwei Kernfragen zu Grunde:

- Das arbeitsvertraglich, mit dem Mitarbeiter vereinbarte Grundentgelt vergütet (aus arbeitsrechtlicher Sicht) eine Leistung mittlerer Art und Güte, die personalwirtschaftlich auch als Normalleistung bezeichnet wird. Die leistungsorientierte Vergütung berücksichtigt und belohnt auf dieser Grundlage eine darüber hinausgehende Zusatzleistung der Beschäftigten. Es stellt sich demnach im Rahmen der Modellgestaltung die Frage, wo Normalleistung endet und Zusatzleistung beginnt. Diese Frage

muss im Regelfall für einzelne Mitarbeiter und deren Arbeitsplätze im Unternehmen individuell beantwortet werden, ohne
dabei den Gerechtigkeitsaspekt zu vernachlässigen oder gar
gegen den Gleichbehandlungsgrundsatz des Arbeitsrechts zu
verstoßen.

- Die zweite Frage betrifft den zeitlichen Aspekt der Vergütung.
Leistungsorientierte Vergütungsmodelle berechtigen den Mitarbeiter zum Erhalt einer Zusatzvergütung, wenn die vereinbarte Zusatzleistung erbracht wurde. Die Modelle berücksichtigen aber nicht, ob die Mehrleistung zu einem höheren Ertrag
oder Ergebnis auf Seiten des Unternehmens führt. Diesem Tatbestand sollte bereits in der Modellgestaltung eine sehr hohe
Aufmerksamkeit zu Teil werden. Nicht selten wird jedoch an-
tizipiert, dass Mehrleistung phasengleich auch zu Mehrertrag
führt, aus dem die zusätzliche leistungsorientierte Vergütung
geleistet werden kann. Dieser Zusammenhang ist aber nicht
zwangsläufig gegeben. In einigen Fällen kann auch ein Ertrags-
effekt zeitlich (erheblich) versetzt zur erbrachten Mitarbeiterleistung zu verzeichnen sein. Die Tatbestände des verzögerten
wie des ausbleibenden Erfolgs können die Liquidität des Unternehmens (zunächst) belasten, in besonders gravierenden Fällen sogar existenzbedrohliche Folgen haben.

Erfahrungsgemäß werden diese beiden Aspekte in der betrieblichen
Praxis übersehen und bedauerlicherweise in der Literatur nur selten
erwähnt. Dies gilt insbesondere für Zielvereinbarungssysteme, die derzeit als modern und zeitgemäß gelten, was auf Seiten manch eines Unternehmens dazu führte, dass die Systeme (beraterforciert) mit großer
Begeisterung eingeführt und erst zu spät die oben aufgezeigten Problembereiche erkennbar wurden.

Tipp:
Stellen Sie sich daher intensiv und kritisch die Frage, wie und in welchen Unternehmensbereichen Normalleistung und Zusatzleistung definiert werden können, ohne dass hieraus Verwerfungen im unternehmensweiten Vergütungsmodell entstehen. Darüber hinaus ist zu ergründen, wie der zeitliche und inhaltliche Zusammenhang zwischen Leistungserbringung und Unternehmenserfolg zu beurteilen ist.

4.2.1 Traditionelle Leistungslohnmodelle

Zu den traditionellen Modellen der leistungsorientierten Vergütung zählen der

- Geld- oder Zeitakkord und
- Prämienlohn

Der Akkordlohn basiert in der Regel auf einer linearen Beziehung zwischen erbrachter Leistung und Einkommen. Auf der Grundlage einer methodisch ermittelten Normalleistung, die als Akkordrichtsatz bezeichnet wird, erhält der Mitarbeiter für jedes zusätzlich erbrachte Stück (Geldakkord) beziehungsweise für die Unterschreitung einer Zeitvorgabe (Zeitakkord) eine Vergütung.

Im Gegensatz zum Akkordlohn berücksichtigt der Prämienlohn eine Leistung in differenzierter Form. Neben der erbrachten Menge oder der zur Produktion benötigten Zeit können auch Qualitätsaspekte oder Verhaltensaspekte (zum Beispiel Zeitabweichungen im Vergleich zu einem optimalen Nutzungsgrad) vergütet werden. Oftmals berücksichtigen Prämienmodelle (wie das nachfolgende Beispiel), mehrere Faktoren gleichzeitig.

Prämie in % vom Basis- lohn		Güte (in Reklamationen pro Monat – Obergrenze)						
		1	2	3	4	5	6	7
durchschn. Menge (in Stück pro Stunde)	30	25	23	21	19	17	15	13
	28	23	21	19	17	15	13	11
	26	21	19	17	15	13	11	9
	24	19	17	15	13	11	9	7
	22	17	15	13	11	9	7	5
	20	15	13	11	9	7	5	3
	18	13	11	9	7	5	3	1
	16	11	9	7	5	3	1	0

Tab. 7: Matrix zur Prämienlohnermittlung

Einem Prämienlohnmodell können unterschiedliche Lohnlinien zu-grunde liegen. Mögliche Ausgestaltungsformen sind:
- linearer Verlauf (proportionaler Zusammenhang zwischen Leis-tung und Prämie),
- progressiver Verlauf (Anreiz zu möglichst hoher Mitarbeiterleis-tung),
- degressiver Verlauf (abnehmende Anreizwirkung mit dem Ziel der Drosselung der Mitarbeiterleistung),
- ein zunächst progressiver Verlauf, der ab einem bestimmten Leistungsniveau in einen degressiven Verlauf übergeht (Anreiz zu einer Mitarbeiterleistung auf mittelhohem Niveau),
- ein unsteter / gestufter Kurvenverlauf.

Tipp:
Von Bedeutung für den Erfolg eines Prämienlohnsystems ist, dass das Modell für die betriebliche Fertigung sinnvoll und zweckmäßig ist. Dies ist zum Beispiel dann nicht der Fall, wenn die Mitarbeiter zur Erbringung einer Mehrleistung angereizt werden, diese aber Qualität und damit auch die Kundenzufriedenheit negativ belastet. Darüber hinaus ist wichtig, dass die Vorgabewerte des Modells regelmäßig gepflegt und mit organisatorischen Veränderungen abgestimmt wer-den.

4.2.2 Mitarbeiterbeurteilung

Die zusätzliche Mitarbeiterleistung, die über ein variables Vergütungsmodell belohnt wird, kann sehr unterschiedlicher Natur sein. Dort zum Beispiel, wo das Instrumentarium der Mitarbeiterbeurteilung als Bewertungsverfahren zugrunde liegt, stehen meist qualitative Faktoren im Mittelpunkt der Betrachtung.

Qualitative Faktoren können unterschiedliche Kriterien zur Grundlage haben. Einerseits kann es sich um Kriterien der Verhaltensbewertung handeln. Andererseits können Kriterien der Leistungsgüte (Qualität) Basis des Beurteilungsverfahrens sein. Bei Vorgesetzten können darüber hinaus auch Führungsaspekte eine Rolle spielen.

Eine Mitarbeiterbeurteilung führt zu einer Bewertung einzelner oder aller Beschäftigten auf unterschiedlichen Ebenen. Mögliche Beurteilungsaspekte zeigt der nachfolgende Katalog:

- Aktives Zuhören
- Analytisches Denkvermögen
- Arbeitseinsatz
- Arbeitsqualität
- Arbeitstempo
- Auffassungsgabe
- Aufgeschlossenheit
- Auftreten / Erscheinungsbild
- Ausdauer
- Begeisterungsfähigkeit
- Belastbarkeit
- Entscheidungsfähigkeit / Entschlussbereitschaft / Zieleorientierung / Risikobereitschaft
- Flexibilität / Mobilität
- Führungseigenschaft / Delegationsvermögen / Vorbildfunktion
- Ganzheitliches Denkvermögen
- Informationsmanagement
- Initiative / Kreativität / Improvisationstalent / Innovationsbereitschaft
- Kommunikationsfähigkeit / Kontaktfähigkeit
- Kompromissbereitschaft / Konfliktfähigkeit / Konfliktverfahren
- Kostenbewusstsein / unternehmerisches Denken / Managementeffizienz / Verantwortungsbewusstsein
- Leistungsbereitschaft / Motivation

- Leistungsfähigkeit
- Lernbereitschaft
- Loyalität
- Nützlichkeitsorientierung
- Ordnungssinn
- Organisationsgeschick
- Pünktlichkeit / Zuverlässigkeit
- Selbstdisziplin
- Selbständigkeit
- Selbstvertrauen
- Sozialkompetenz / Teamfähigkeit / Einfühlungsvermögen
- Toleranzvermögen / Urteilsvermögen
- Überzeugungskraft / Verhandlungsgeschick / Durchsetzungsvermögen

Tipp:
Wählen Sie aus diesem Katalog maximal sechs Faktoren aus, die von besonderer Bedeutung sind. Die gewählten Faktoren sind unter Berücksichtigung der Erfordernisse der einzelnen Unternehmensbereiche, in denen die beurteilten Mitarbeiter tätig sind, genau abzustimmen.

Grundsätzlich hilfreich für die Auswahl relevanter Faktoren ist ein bestehendes und aktuelles System von Stellenbeschreibungen. Auf dieser Grundlage kann genau bestimmt werden, welche Aspekte wichtige Faktoren für die unternehmerische Wertschöpfung des einzelnen Mitarbeiters darstellen, wesentlich für die Erreichung der Unternehmensziele sind und damit in die Beurteilung einfließen sollten.
Für die ausgewählten Faktoren kann der Leistungsgrad des Mitarbeiters im Rahmen eines halbjährlich oder jährlich stattfindenden Personalgespräches vom direkten Vorgesetzten bestimmt werden. Die Mitarbeiterleistung kann in einem Beurteilungsbogen vorformulierten Kategorien zugeordnet werden. Dies gewährleistet eine Vergleichbarkeit des Bewertungsergebnisses eines Mitarbeiters aus verschiedenen Perioden und der Ergebnisse der Mitarbeiter untereinander. Darüber hinaus symbolisieren die Bewertungskategorien einen höheren Gerechtigkeitsgrad als zum Beispiel die freie Vergabe von Punktwerten auf einer geschlossenen oder offenen Skala.

Das Ergebnis der Mitarbeiterbeurteilung wird in einem Beurteilungsbogen protokolliert, der vom Mitarbeiter und seinem Vorgesetzten zum Ende des Gespräches unterschrieben wird. Der Beurteilungsbogen kann wie nachfolgend aufgebaut sein.

	Das Leistungsergebnis ...				
	... entspricht nicht den Erwartungen	... entspricht im Allgemeinen den Erwartungen	... entspricht im vollen Umfang den Erwartungen	... liegt über den Erwartungen	... liegt weit über den Erwartungen
Flexibilität					
Verantwortliches Handeln					
Kooperation					
Effizienz					
Qualität					

Abb. 2: Beurteilungsbogen

Zur Gewährleistung einer möglichst hohen Objektivität der Mitarbeiterbeurteilung sind die einzelnen Beurteilungsstufen durch eine entsprechende Beschreibung zu unterlegen. Dies kann zum Beispiel wie folgt erfolgen:
Kennzeichnung von „Das Leistungsergebnis liegt weit über den Erwartungen": Der Mitarbeiter erbringt eine Leistung besonderer Art und Güte. Er übernimmt in herausragender Weise Verantwortung für sein Handeln und ist sehr häufig ohne Anweisung in Eigeninitiative aktiv. Seine Arbeitsergebnisse sind ohne Mangel. Die Zufriedenheit seiner Kunden ist von außerordentlichem Niveau.

Tipps:
Vorgesetzte müssen unbedingt, bevor sie ihre Mitarbeiter beurteilen, ein umfassendes Training durchlaufen. Dies gewährleistet eine hohe Sensibilität des Beurteilers in unterschiedlichen Situationen und bereitet auch gezielt auf schwierige Gegebenheiten vor.

Geben Sie dem Mitarbeiter Gelegenheit, sich auf das Beurteilungs-
gespräch vorzubereiten, in dem Sie den Termin für die Unterredung
frühzeitig und einvernehmlich festsetzen.
Bitten Sie den Mitarbeiter, vor dem Gespräch eine Selbstbewertung
durchzuführen. Erfahrungsgemäß gehen die Mitarbeiter kritisch mit
sich selbst um. Die Selbstkritik des Mitarbeiters erspart Ihnen als
Vorgesetzten oftmals, selber Kritik am Beschäftigten zu üben.
Wählen Sie eine ungerade Anzahl von Leistungsstufen. Dies können
fünf oder sieben Stufen sein. Sechs Stufen erinnern den Mitarbeiter
schnell an seine Schulzeit und lassen ein unproduktives Schüler-Leh-
rer-Klima aufkommen.

Die Leistungsbeurteilungsergebnisse können über unterschiedliche Verfahren von der verbalen Ebene in Wertzahlen überführt werden. Auch
in dieser Hinsicht kann ein zum Unternehmen passendes System definiert werden. Die nachfolgende Tabelle zeigt mögliche Ausgestaltungs-
varianten.

Punkte je Kategorie	Variante A	Variante B	Variante C
... liegt weit über den Erwartungen	4	13 (+ 6)	25 (5 x 5)
... liegt über den Erwartungen	3	7 (+ 4)	16 (4 x 4)
... entspricht im vollen Umfang den Erwartungen	2	3 (+ 2)	9 (3 x 3)
... entspricht im Allgemeinen den Erwartungen	1	1 (+ 1)	4 (2 x 2)
... entspricht nicht den Erwartungen	0	0	1 (1 x 1)

Tab. 8: Bewertungssysteme

Jeder einzelne Beurteilungsaspekt erbringt demnach einen bestimmten Punktewert in Abhängigkeit vom erbrachten Leistungsniveau. Da im Regelfall mehrere Aspekte beurteilt werden stellt sich die Frage, wie die einzelnen Punktewerte je Aspekt in einen Gesamtpunktewert überführt werden können. Zur Auswahl stehen die folgenden Verfahren:

Additive Verknüpfung: Die Punktewerte der einzelnen Beurteilungsaspekte werden addiert. Hieraus wird ersichtlich, dass jeder Beurteilungsaspekt eine identische Bedeutung und damit Gewichtung genießt.

Multiplikative Verknüpfung: Hier werden die einzelnen Punktewerte miteinander multipliziert. Dies hat zur Folge, dass die Vernachlässigung eines Zieles mit der Wirkung eines am Ende geringen Punkteergebnisses sich deutlich negativ auf das Gesamtergebnis auswirken kann, wie das Beispiel zeigt:

	Aspekt A	Aspekt B	Ergebnis
Ergebnis 1 (additiv)	4	4	8
Ergebnis 2 (multiplikativ)	1	6	6
Ergebnis 3 (multiplikativ)	3	5	15
Ergebnis 4 (multiplikativ)	4	4	16

Tab. 9: Verknüpfungsverfahren Mitarbeiterbeurteilung

Der Mitarbeiter hat im ersten Fall (additives Verfahren) beide Aspekte gleichgewichtig verfolgt und eine entsprechende Beurteilung erhalten (acht Punkte). Im zweiten Fall hat er allerdings den Schwerpunkt auf Aspekt B gelegt und gleichzeitig Aspekt A deutlich vernachlässigt. Diese Verhaltensweise führte im zugrundeliegenden Modell der multiplikativen Verknüpfung zu einem insgesamt geringen Gesamtergebnis von sechs Punkten. Im dritten Fall wurde vom Mitarbeiter der Fokus ebenfalls auf Aspekt B gelegt, Aspekt A jedoch nur leicht vernachlässigt. In der multiplikativen Verknüpfung ergibt diese Strategie einen Gesamtpunktewert von 15. Variante 4 zeigt dagegen ein Optimalergebnis: hier wurde beiden Aspekten gleiche Beachtung zuteil. Demnach ergibt sich ein maximaler Punktewert von 16.

Die multiplikative Verknüpfung ist in der Praxis bei der Bewertung von Aspekten sinnvoll, bei denen ein Trade-off besteht (zum Beispiel Arbeitstempo und Kundenorientierung). Mündet ein sehr hohes Arbeitstempo in einen unhöflichen und respektlosen Kundenkontakt, kann dadurch die Kundenorientierung erheblich leiden. Beachtet der Mitarbeiter jedoch beide Aspekte und realisiert ein höheres Arbeitstempo bei gleichzeitiger Orientierung auf die Bedürfnisse von Kunden, kann er insgesamt ein wesentlich höheres Gesamtergebnis erzielen und trägt zu einem höheren Unternehmenserfolg bei.

Dort, wo eine rein multiplikative Verknüpfung als zu weitgehend oder nur begrenzt sinnvoll angesehen wird, kann auch eine teilmultiplikative Verknüpfung durchgeführt werden. Diese Verfahrensweise beinhaltet, dass bestimmte Aspekte additiv verknüpft, die übrigen Aspekte dagegen miteinander multiplikativ verbunden werden.

Alternativ oder ergänzend zur Bewertung durch Zuordnung von Punkten kann auch eine verbalisierte Bewertung erfolgen. Diese kann skaliert durchgeführt oder in freier Form praktiziert werden.

Wichtige Aspekte zur Erstellung einer Bewertungsskala sind die folgenden:

Vergleichbarkeit: Sowohl für das Unternehmen als auch für die Beurteilten kann die Vergleichbarkeit der Ergebnisse von hoher Bedeutung sein. Dies erlaubt die Identifikation von Leistungsträgern. Gleichzeitig ermöglicht sie aber auch dem einzelnen Mitarbeiter, eine Selbstbestätigung zu erhalten oder seine Stellung im Vergleich zu den Kollegen zu ermitteln.

Eindeutige und transparente Definition der Bewertungsstufen: Die Bewertungsstufen müssen präzise und nachvollziehbar definiert sein. Dies hat Einfluss auf die Aspekte Vergleichbarkeit und Akzeptanz gleichermaßen.

Differenziertheit: Die Skala muss eine Differenzierung der Leistung ermöglichen. Eine zu geringe Anzahl von Beurteilungsstufen bietet keine genaue Orientierung. Andererseits neigt ein System mit zu vielen Beurteilungsstufen dazu, von den Beurteilten in seiner Objektivität kritisiert zu werden, da gleiche Leistungen unter Umständen unterschiedliche Bewertungen ergeben werden.

Der als Endergebnis einer Beurteilung resultierende Punktewert kann in einem nächsten Schritt in eine variable Vergütungskomponente der beurteilten Mitarbeiter überführt werden. Es gilt jedoch zu beachten, dass die Verknüpfung der Beurteilung mit einer variablen Vergütung nicht zwangsläufig erfolgen muss. Beurteilungssysteme sind als reine Personalführungsinstrumente entwickelt worden. Dies wird häufig vergessen.

Tipp:
Stellen Sie sich daher grundsätzlich und kritisch die Frage, ob die Beurteilung der Mitarbeiter zwangsläufig mit einer variablen Vergütung verknüpft werden muss. Dieser Weg kann zum Beispiel dazu führen, dass das Beurteilungsergebnis an sich in den Hintergrund tritt, die aus ihr abgeleitete variable Vergütung dagegen bestimmend wird. Somit geht der intendierte Zweck des Beurteilungsmoduls, die Sensibilisierung für unternehmerisches Verhalten und dessen Beeinflussung, verloren. Aber das Beurteilungsverfahren kann konfliktbeladener werden als es ohne Vergütung ist.

Im Rahmen der Ableitung einer variablen Vergütung aus dem Beurteilungssystem stehen unterschiedliche Vorgehensweisen zur Verfügung. Zunächst soll in dieser Hinsicht das vielerorts praktizierte Topfsystem dargestellt werden. Die Bezeichnung bringt bereits mit sich, dass das System einen Boden und einen Deckel kennt, d.h. nach unten und nach oben begrenzt ist.

Variable Vergütungstöpfe können für die Gesamtheit der beurteilten Mitarbeiter, für einzelne Abteilungen, Teams oder Mitarbeiter konzipiert werden. Topfkonzepte kommen immer dann zum Tragen, wo das Arbeit gebende Unternehmen eine überhöhte variable Vergütung befürchtet.

Topfmodelle bringen aber unter Umständen Mängel auf Seiten der Anwender mit sich, die darin bestehen, dass

- Beurteiler die Ansicht vertreten, dass ein Einbehalt von Mitteln sie selber als Führungskraft in den Augen ihrer Vorgesetzten als führungsstark erscheinen lässt. Somit kommen weniger Mittel zur Anreizung der Mitarbeiter zum Einsatz, als das Unternehmen insgesamt zur Verfügung stellt und für eine wirkungsvolle Führungsarbeit sinnvoll wäre.
- Beurteiler Töpfe grundsätzlich und immer ausschöpfen, auch wenn das Leistungsniveau der Mitarbeiter dies nicht rechtfertigt.

- Beschäftigte dann ihre Leistung drosseln, wenn sie erkennen, dass weitere Leistung aufgrund der Deckelung der variablen Vergütung nicht mehr zu einer zusätzlichen Entlohnung führt.

Tipp:
Reflektieren Sie daher kritisch, wie ihre Beurteiler und die von ihnen geführten Mitarbeiter auf das Bestehen von Töpfen reagieren und ob deren Verhalten in der Summe mehr Leistung vernichtet als Zusatzleistung durch das finanziell gedeckelte Beurteilungssystem entstehen lässt.

Ist das Beurteilungssystem sorgfältig konzeptioniert, gut durchdacht und seine monetäre Auswirkung über Modellrechnungen gerechtfertigt und vertretbar, kann eine Deckelung des Modells nach oben entfallen. Diese Mühe sollte man durchaus auf sich nehmen. Denn die Erfahrung zeigt, dass ungedeckte Modelle bei den Mitarbeitern eine höhere Akzeptanz finden als Topfmodelle.

Ergänzend oder alternativ zur „traditionellen Mitarbeiterbeurteilung" können auch andere Formen der Mitarbeiterbeurteilung praktiziert werden. Dies können zum Beispiel sein:

Feedbackgespräche: Feedbackgespräche können in sehr unterschiedlicher Form durchgeführt werden. Die Gespräche können regelmäßig und damit institutionalisiert sein. Sie können aber auch unregelmäßig nach Bedarf stattfinden. Darüber hinaus können sie umfänglich ausgerichtet sein oder Einzelthemen zum Gegenstand haben. Zudem ist es möglich, dass sie mit einzelnen Mitarbeitern oder mit Teams geführt werden. Wichtig ist jedoch grundsätzlich, dass die traditionelle Mitarbeiterbeurteilung, die das Handeln des Mitarbeiters über größere Zeitspannen betrachtet, durch Feedbackgespräche ergänzt wird, um dem Mitarbeiter in der Zwischenzeit eine Orientierung und gegebenenfalls eine Korrektur seines Handelns zu ermöglichen.

Projektabschlussgespräche / Kurzbeurteilungen von Aufgabenstellungen: Diese Formen der Beurteilung haben einen eindeutig inhaltlichen Fokus und dienen oftmals dem Mitarbeiter zur motivierenden Bestätigung der erbrachten Leistung.

Leistungsbeobachtungen: Diese durchaus kurze Form der Leistungsfeststellung kann ad hoc und unregelmäßig erfolgen, in eine kurze Notiz oder Protokollierung münden und in die regelmäßige Mitarbeiterbeurteilung einfließen. Leistungsbeobachtungen können auch dann sinnvoll sein, wenn Mitarbeiter sich in der Ausbildung oder Personalentwicklungsmaßnahmen befinden, um ihnen eine kurzfristige Richtschnur zu geben.

Selbstbeurteilung: Hier ist der Mitarbeiter gefordert, sich Gedanken über sein eigenes Handeln und seine Leistung zu machen. Die Durchführung einer Selbstbeurteilung setzt jedoch voraus, dass der Mitarbeiter eine genaue Kenntnis über die Inhalte des Beurteilungsverfahrens besitzt und dieses entsprechend anzuwenden weiß. Die Selbstbeurteilung ist ein wichtiges Instrument zur Umsetzung einer partnerschaftlichen Unternehmensführung. Gleichzeitig verdeutlicht sie dem Mitarbeiter, dass er auch Verantwortung für sich selber übernehmen muss und sich grundsätzlich am Arbeitsplatz selber führen (und letztendlich auch beurteilen) kann.

Kollegenbeurteilung: Wenn Mitarbeiter, wie in dieser Beurteilungsform erforderlich, sich gegenseitig beurteilen, kann dies förderlich für das Miteinander am Arbeitsplatz sein. Es ist jedoch dringend anzuraten, dass diese Beurteilung sehr strukturiert erfolgt und von außen, insbesondere bei schwierigen und „ehrlich negativen" Beurteilungsergebnissen, unterstützt werden sollte. Sinnvoller ist es jedoch, die Kollegenbeurteilung nicht zu institutionalisieren, sondern als offenen und fallweisen Austausch nach Bedarf zum Gegenstand der Abteilungs- oder Unternehmenskultur zu praktizieren.

Vorgesetztenbeurteilung: „Mutige" Vorgesetzte lassen sich auch von ihren Mitarbeitern beurteilen. Diese Beurteilungsform führt jedoch nur dann zu verwertbaren Ergebnissen, wenn sie von einer neutralen Stelle durchgeführt und ausgewertet wird. Darüber hinaus muss der Vorgesetzte bereit sein, dass Ergebnis anzuerkennen, mit den beurteilenden Mitarbeitern zu besprechen und die hieraus erforderlichen Konsequenzen zu ziehen. Vorgesetzte, die sich einer Vorgesetztenbeurteilung stellen, können sich durchaus dem Respekt ihrer Mitarbeiter sicher sein.

360-Grad-Beurteilung: Diese Beurteilungsform stellt eine Kombination mehrerer Formen dar. Hier wird ein Mitarbeiter von seinem Vorgesetzten, seinen Untergebenen, aber auch von Externen, wie Kunden oder Lieferanten, beurteilt. Diese Beurteilungsform wird oft gezielt eingesetzt, um zum Beispiel Leistungsträger zu identifizieren oder im Rahmen eines Merger & Acquisitions über die notwendige und sinnvolle Zusammenlegung von Bereichen zu urteilen.

Das Instrument der Mitarbeiterbeurteilung wird von den Beschäftigten in der Regel als positiv eingestuft. Dies hat unterschiedliche Gründe. Der wichtigste Aspekt ist oftmals der, dass die Beschäftigten wissen wollen, wie ihre eigene Leistung eingeschätzt wird. Darüber hinaus kann die Beurteilung ein Weg sein, den Beschäftigten Anerkennung auszusprechen und ihre gute Leistung zu würdigen. Die Beurteilung dient aber auch dazu, dem Mitarbeiter klare Ziele zu vermitteln und seinem Tun am Arbeitsplatz einen höheren Sinn zu geben. Die positive Grundeinstellung der Mitarbeiter setzt jedoch auch voraus, dass bereits im Vorhinein das Arbeitgeber-Arbeitnehmer-Verhältnis durch gegenseitige Akzeptanz und Vertrauen gekennzeichnet ist.

Gleichzeitig soll aber auch darauf hingewiesen werden, dass die Mitarbeiterbeurteilung dort kontraproduktiv wirken kann, wo sie auf Seiten der Mitarbeiter Angst und Unsicherheit verbreitet, wenn sie zur persönlichen Abrechnung oder zur Übermittlung destruktiver Kritik dient. Dazu sollte man sich der Beurteilung keinesfalls bedienen.

4.2.3 Zielvereinbarungssysteme

In den letzten Jahren ist es ausgesprochen populär geworden, die Mitarbeiter(zusatz)leistung über Zielvereinbarungssysteme zu messen und zu vergüten. Zielgruppe sind hierbei oft Führungskräfte des Unternehmens. Nicht selten werden Zielvereinbarungssysteme zur Leistungsmessung im Vertriebsbereich verwendet. In seltenen Fällen praktizieren Unternehmen Zielvereinbarungssysteme auch mit allen Belegschaftsmitgliedern.

Tipp:
Praktizieren Sie in erster Linie ein Zielvereinbarungssystem mit denjenigen Mitarbeitern, die wechselnde und herausfordernde Aufgaben ausüben. Diese Tätigkeiten eignen sich eher, im Rahmen eines Zielvereinbarungssystems bewertet zu werden. Wenn Sie in einem Zielvereinbarungssystem sich (ständig) wiederholende Tätigkeiten für Mitarbeiter zugrunde legen, sollten Sie kritisch hinterfragen, ob diese die Gütekriterien für Ziele (s.u.) erfüllen.

Ein Zielvereinbarungssystem basiert darauf, dass zu Beginn einer Zielperiode mit dem Mitarbeiter bestimmte Tätigkeitsaspekte widerspruchsfrei und eindeutig als nach Ablauf einer festgesetzten Frist zu erfüllende Ziele vereinbart werden. Nicht selten werden Ziele auch vom Vorgesetzten vorgegeben, da sie sich aus den Unternehmenszielen direkt ableiten und daher im Rahmen der Gesamtstrategie des Unternehmens erforderlich sind. In diesen Fällen handelt es sich weniger um eine Zielvereinbarung als um eine Zielvorgabe.

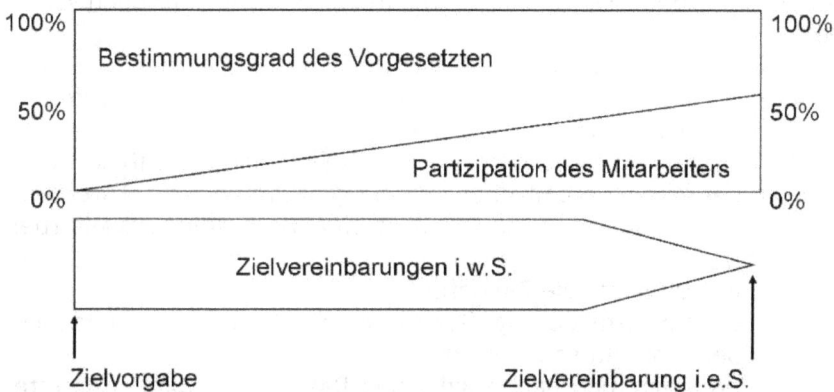

Abb. 3: Zielvereinbarung und Zielvorgabe

Tipp:
Zielvorgaben müssen eindeutig die Akzeptanz des Mitarbeiters finden, damit dieser entsprechend motiviert wird, die gesetzten Ziele zu erreichen. Dies erfordert gelegentlich einen (hohen) Erklärungsaufwand des Vorgesetzten, den man jedoch keinesfalls scheuen sollte.

Ein Zielvereinbarungssystem wird meistens mit einzelnen Mitarbeitern praktiziert. In diesem Fall werden mit dem Beschäftigten Individualziele vereinbart. Alternativ zur individuellen Zielvereinbarung können aber auch Zielvereinbarungen für ein Team, eine Projektgruppe, einen Bereich, eine Abteilung oder das Gesamtunternehmen vereinbart werden.

Zwischen individuellen und gemeinsamen Zielen in Reinform stehen die sogenannten unreinen Individualziele. Sie werden mit dem einzelnen Mitarbeiter vereinbart, sind aber nicht ausschließlich von ihm alleine erreichbar, sondern erfordern das Mittun seiner (in der Regel untergebenen) Kollegen. Je höher ein Mitarbeiter in der Hierarchie anzusiedeln ist, umso höher ist der Anteil seiner unreinen Individualziele.

Ein Zielvereinbarungssystem kann und sollte mehrere Einzelziele beinhalten. Je nach Umfang und Gewicht der Inhalte kann die Anzahl der Ziele im Mitarbeitervergleich und in unterschiedlichen Perioden variieren.

Ziele sollten bestimmte Gütekriterien erfüllen. Dies sind:

- Relevanz: Das Ziel ist von strategischer Bedeutung, zum Beispiel aus Oberzielen abgeleitet.
- Messbarkeit / Beurteilbarkeit: Das Ziel kann quantifiziert oder über eine Mitarbeiterbeurteilung qualitativ bewertet werden.
- Beeinflussbarkeit: Das Ziel liegt im Aktionsradius des Mitarbeiters.
- Eindeutigkeit: Die Zieldefinition ist zweifelsfrei.
- Positive Formulierung: Das Ziel ist positiv formuliert und nicht über Ausschlüsse definiert.
- Vereinbart und nachvollziehbar: Das Ziel ist vom Mitarbeiter selber benannt worden oder wird von ihm als erreichenswert eingestuft.
- Widerspruchsfreiheit: Die Ziele des Mitarbeiters stehen untereinander und zu Kollegenzielen oder übergeordneten Zielen nicht in Widerspruch.
- Fokus auf Highlights: Ziele sind Leuchttürme. Sie besitzen einen herausragenden Stellenwert für den Mitarbeiter und das Unternehmen.
- Transparenz: Der Mitarbeiter hat Zugang zu Informationen, die mit dem Ziel in Verbindung stehen und für ihn von Bedeutung sind.
- Erreichbarkeit: Die Ziele besitzen einen realistischen Anspannungsgrad und können von ihm und seinem Vorgesetzten als erreichbar eingestuft werden.

Tipp:
Beachten Sie bei der Zugrundelegung von Quotienten als Zielfaktoren darauf, dass das Ergebnis durch eine Erhöhung des Zählers bei konstantem Nenner oder eine Verringerung des Nenners bei konstantem Zähler vergrößert werden kann. Beides muss nicht unbedingt positiv im Sinne der Unternehmensziele und damit zum Wohle des Unternehmens sein.

Ermittelte und vereinbarte Ziele können in Zusammenarbeit mit dem Vorgesetzten in das Zielvereinbarungssystem aufgenommen werden. Dies erfordert, neben der Zielformulierung unter Berücksichtigung der oben genannten Gütekriterien, die Bewertung des relativen Zielgewichtes und die Festlegung eines Zielmittelwertes mit einer dazugehörigen Spreizung. Dort, wo es gewollt ist, kann auch direkt ein Vergütungswert als Anreiz in das Zielvereinbarungssystem integriert werden. Ein Beispiel eines Zielvereinbarungssystems zeigt die nachfolgende Abbildung.

Leistungs-kriterien	Gewicht	Ziel absolut	Zielspreizung 80-120%	Vergütung (von/mittel/bis)
Umsatz	25%	1.000.000	800.000-1.200.000	2.000/2.500/3.000
DB II	25%	160.000	128.000-192.000	2.000/2.500/3.000
Marktanteil	15%	20%	16-24%	1.200/1.500/1.800
Zahlungs-konditionen	5%	30 Tage 2% Skonto	nach ermessen	400/500/600
Kunden-zufriedenheit	20%	95%	90-100%	1.600/2.000/2.400
Teamfähig-keit	10%	8 von 10 Punkten	6 bis 10 Punkte	800/1.000/1.200

Abb. 4: Beispiel einer Zielvereinbarung

Die Vereinbarung ist vom Vorgesetzten und Mitarbeiter zu unterzeichnen.

Tipp:
Ziele können auch mit einem Zusatzbudget ausgestattet sein, über
das der Mitarbeiter zum Zweck der Zielerreichung entweder freihändig oder nach Rücksprache mit seinem Vorgesetzten verfügen kann.
Dies kann die Attraktivität des gesamten Modells zusätzlich erhöhen
und zur Motivation des Beschäftigten erheblich beitragen.

4.2.4 Probleme leistungsorientierter Modelle

Leistungsorientierte variable Vergütungsmodelle weisen systembedingt
Schwachstellen auf, deren Kenntnis unverzichtbar ist um abwägen zu
können, ob Modelltypen dieser Kategorie zum Einsatz kommen oder
nicht.

Problembereiche können sein:

Kausalität zwischen Leistung und Erfolg: Die Betriebswirtschaftslehre
  versteht unter Leistung das (gelungene) Ergebnis eines betrieblichen Erzeugungsprozesses. Die Definition lässt vor dem Hintergrund
  der Incentivierung über leistungsorientierte Vergütungsmodelle erkennen, dass hier Positivergebnisse des Mitarbeiterhandelns im
  Zentrum stehen. In diesem Rahmen wird stets unterstellt, dass das
  Leistungsergebnis auch zu einem Unternehmenserfolg führt. Dies
  kann der Fall sein. Oftmals ist jedoch der Übertragungskanal zwischen Leistung und Erfolg mit Hindernissen ausgestattet.

  Der unterstellte Erfolg als Ergebnis der Leistungserbringung ist jedoch die wirtschaftliche Grundlage der variablen Vergütung. Betriebswirtschaftliche Probleme können aber dort auftreten, wo
  Leistung erst mit Zeitverzögerung oder gar nicht zum Erfolg führt,
  der Mitarbeiter aber arbeitsrechtlich nach Leistungserbringung einen Anspruch auf die vereinbarte Vergütung hat.

  Zu Bedenken gibt auch in dieser Hinsicht, dass nicht nur Beurtei-
  lungs-, sondern auch Zielvereinbarungssysteme zunächst als Mitar-
  beiterführungsinstrumente entwickelt wurden. Die Weiterentwick-
  lung zu Vergütungsinstrumenten erfolgte erst im Anschluss, war
  aber nicht ursprüngliche Intention des Systems.

Eindeutigkeit: Leistungsaspekte, die beurteilt werden und einer Zielvereinbarung zugrunde liegen, müssen zweifelsfrei benannt werden. Dies umfasst ihre genaue Beschreibung oder Definition und die

Unterlegung mit entsprechenden Messkriterien. Bereits hier entstehen Probleme dadurch, dass Sender und Empfänger eine unterschiedliche Interpretation der getroffenen Definition haben können.

Unvollständigkeit des Kataloges von Leistungsaspekten: Von besonderer Bedeutung ist jedoch, dass ein Mitarbeiter immer mit einer Vielzahl von Mitarbeitertätigkeiten betraut ist, die aufgrund ihrer Bedeutung Gegenstand eines Beurteilungs- oder Zielvereinbarungssystems sein müssten, zugunsten der Überschaubarkeit des Systems es aber nicht sind. Konzentriert sich ein leistungsorientiert vergüteter Mitarbeiter aber (schwerpunktmäßig) auf die im System benannten Aspekte, vernachlässigt er unter Umstände die übrigen Bereiche (dysfunktionale Wirkung). Ob dies zum Vorteil des Unternehmens ist scheint fraglich.

Problematik des Beurteilens: Untersuchungen zeigen, dass (selbst gute und geschulte) Beurteiler nicht immer in vollkommener Weise differenzieren. In diesem Rahmen werden die folgenden Effekte beobachtet.

- Beurteiler neigen dazu, Mitarbeitern eine gleichwertige Beurteilung auszusprechen, um die Beschäftigten gleich zu behandeln und ein Aufkommen von Neid zu vermeiden (centrality bias).
- Der zweite Effekt besteht in der Tendenz der Beurteiler, Mitarbeiter besser zu beurteilen als angemessen wäre (leniency bias).
- Darüber hinaus sind auch ausgebildete Beurteiler nicht frei davon, gefühlsgeleitet zu beurteilen oder unkontrollierte Schlussfolgerungen zu ziehen.

Dies sind nur wenige Aspekte aus einer breiten Palette möglicher Fehlerquellen, die den idealen Beurteiler zu einer Märchengestalt werden lassen.

Manipulationsprobleme: Ein Beispiel zur Verdeutlichung: Sie vereinbaren mit Ihrem Vertriebsmitarbeiter ein Umsatzziel. Der Mitarbeiter verschweigt jedoch, dass er bereits in Verhandlungen mit einem Großkunden kurz vor Vertragsabschluss steht. Dies garantiert ihm bereits 20% des vereinbarten Umsatzziels. Der Vertrag mit dem Großkunden wird Realität und führt, bedingt durch das erfolgreiche Verschweigen des Vertriebsmitarbeiters dazu, dass kurzfristig zu ungünstigen Konditionen Produktionsmaterialien beschafft werden müssen, um die vom Vertriebsmitarbeiter vereinbarten kurzen Lieferfristen erfüllen zu können. Es erscheint in diesem Fall fraglich, ob das realisierte Zielvereinbarungssystem wirklich dem Wohle des Unternehmens dient, wenn Mitarbeiter strategisch zum eigenen Wohle handeln und dabei das Unternehmenswohl (bewusst) vernachlässigen.

<u>Anpassung des Systems:</u> Oftmals stellt sich die Frage, wie ein leistungsorientiertes Vergütungssystem im Zeitverlauf an geänderte Rahmenbedingungen angepasst werden kann. Dieser Aspekt ist von verschiedenen Seiten zu betrachten:

- Zunächst ist davon auszugehen, dass das leistungsorientierte Vergütungssystem zu Verhaltensänderungen führt, die letztendlich (positive) betriebswirtschaftliche Veränderungen mit sich bringen. Somit werden die betriebswirtschaftlichen Rahmenbedingungen nach der Modelleinführung andere sein als zuvor. Dies sollte nicht zum Anlass genommen werden, die Parameter des Systems während des Zielvereinbarungszeitraums unmittelbar zu ändern. Eine derartige Verfahrensweise würde dazu führen, dass die Beschäftigten das gerade erst aufgebaute Vertrauen in das System wieder verlieren. Somit kann ein häufig geändertes System seine handlungssteuernde Funktion verlieren.
- Zu unterscheiden sind grundsätzlich Systemelemente, die langfristig Bestand haben von Elementen, die auch kurzfristig geändert werden können.
- Von langfristigem Bestand sind zum Beispiel der Systemtyp an sich (zum Beispiel Beurteilungs- oder Zielvereinbarungssystem), Auszahlungszeitpunkte, Aspekte der Mittelverwendung oder ein Verfahren für Konfliktfälle. Diese Aspekte sollten frühestens nach fünf Jahren des Systembestandes eine Änderung erfahren.
- Kurzfristiger (zum Beispiel nach Ablauf eines Jahres) geändert werden können dagegen Systemdetails, wie zum Beispiel Anzahl der Ziele, deren Art (weiche oder harte Faktoren), ihre Gewichtung und ähnliche Faktoren.

- Die Finanz- und Wirtschaftskrise der Jahre 2009 und 2010 hat zudem die Frage aufgeworfen, wie bei erheblichen Verwerfungen der Rahmenbedingungen während der Laufzeit zu verfahren ist?
- Hierzu ist grundsätzlich anzumerken, dass ein bestehendes und vereinbartes System (theoretisch) nur zu Gunsten des Mitarbeiters geändert werden sollte. Alles andere wiederspricht schon dem Grundgedanken, dass leistungsorientierte Vergütungssysteme motivierend wirken sollen, was eine Veränderung zu Ungunsten des Mitarbeiters kategorisch ausschließt.

Die Krise hat deutlich gezeigt, dass eine Veränderung des Systems zu Gunsten des Mitarbeiters die bestehenden Probleme des Unternehmens aber auch durchaus verschärfen kann. Die Gefährdung der Arbeitsplätze anderer Mitarbeiter kann die Folge sein.

<u>Trittbrettfahrerproblem:</u> Dort, wo die Leistung von Teams beurteilt oder gemessen wird, kann das sogenannte Trittbrettfahrerproblem auftreten. Im Rahmen der Erfüllung von Arbeitsaufgaben können einzelne Mitarbeiter die Position vertreten, dass Kollegen Aufgaben des Trittbrettfahrers erledigen müssen. Da letztendlich das gesamte Team für die erbrachte Leistung belohnt wird, kommt aber auch der Trittbrettfahrer letztendlich in den Genuss der Team-Leistungsvergütung.

Neben dem Trittbrettfahrerproblem sind noch zwei weitere Effekte zu nennen, die im Rahmen einer teamorientierten Betrachtung entstehen können. Dies sind:

- Ein Mitarbeiter, der der Meinung ist, dass andere Gruppenmitglieder sich zu wenig für das zu erreichende Gruppenergebnis einsetzen, reduziert die eigene Anstrengung (sucker-Effekt).
- Allein das Bewusstsein, mit anderen Mitarbeitern zusammen für ein Ergebnis verantwortlich zu sein, führt zu einer schlechteren Performance (social loafing-Effekt). Dieser Effekt ist größer, wenn die Performance nicht analytisch bewertet werden kann, die Gruppe groß ist oder die anderen Gruppenmitglieder dem ein-

zelnen Mitarbeiter persönlich unbekannt sind (zum Beispiel bei international auf virtueller Basis arbeitenden
Projektgruppen in der IT).

Crowding Out: Vertreter der Verdrängungsthese sind der Ansicht, dass
extrinsische Motivationsanreize über variable Vergütung die intrinsische Motivation von Mitarbeitern verdrängt, da diese Personen
verstärkt dazu neigen, sich mehr mit den Auswirkungen der variablen Vergütung zu beschäftigen als mit einer effizienten Erfüllung
ihrer Aufgaben.

Der Verdrängungsaspekt ist grundsätzlich, wie die Erfahrung und
auch Studien zeigen, nicht von der Hand zu weisen. Daher sollte in
der Konzeptionierung eines variablen Systems das Hauptgewicht
nicht auf das „Wie viel", sondern auf das „Wie" des Modells gelegt
werden. Dies heißt: Wenn ein variables Vergütungsmodell sinnstiftend wirkt und geldlich nicht überdimensioniert ist, kann es die
intrinsische Motivation von Mitarbeitern stärken.

Kontrollparadoxon: Leistungsorientierte Vergütung erfordert die Fest-
stellung der erbrachten Leistung. Grundlage hierfür ist eine büro-
kratische Kontrolle durch Beurteilung oder Bemessung der Zielerfül-
lung. Kontrolle kann aber zu nachlassender intrinsischer Motivation
führen, was wiederum einen Rückgang von Arbeitszufriedenheit und
Effizienz mit sich bringen kann.

Selektionsproblem: Mancherorts wird die These aufgeführt, dass Arbeitsplätze, mit denen eine variable Vergütung verbunden ist, nur
für Mitarbeiter attraktiv sind, die sich ausschließlich extrinsisch motivieren lassen. Im Ergebnis führt der Selektionseffekt zu einer negativen Veränderung der Belegschaftsstruktur dahingehend, dass
die Zahl der (für das Unternehmen höherwertigen) intrinsisch Moti-
vierten abnimmt.

Tipp:
Im Rahmen des Aufbaus oder der Überarbeitung eines leistungsorientierten Vergütungsmodells ist genau abzuwägen, welche Problem-
felder für das eigene Unternehmen und die eigenen Mitarbeiter zu-
treffend sein können und welche Schlussfolgerungen hieraus auf das
gewählte Modell gezogen werden müssen.

4.3 Gewinnorientierte Vergütung

Die variable Vergütung von Mitarbeitern auf Gewinnbasis kennt die Nachteile der umsatz- oder leistungsorientierten Vergütung nicht. Systembedingt fließen in die Berechnung des Unternehmensgewinns auch die betriebsbedingten Kosten ein. Darüber hinaus ist bei gewinnorientierten Modellen der Tatbestand gegeben, dass eine Vergütung erst dann geleistet wird, wenn nachweislich und buchhalterisch ein Positivergebnis zu verzeichnen ist, welches (im Regelfall) auch eine entsprechende Liquiditätsbasis für die Auszahlung sichert.

GuV-Position (Gesamtkostenverfahren)	Einflussfaktoren
Umsatzerlöse	Produktebene (Attraktivität bzgl. Preis, Leistung, Design u.a.), Kundenebene (Zufriedenheit, Struktur, Solvenz u.a.), Vertriebseffizienz, Marketing etc.
Erhöhung / Verringerung des Bestandes an fertigen / unfertigen Erzeugnissen	Produktionsprozess
Andere aktivierte Eigenleistungen	
Sonstige betriebliche Erträge	
Materialaufwand	Einkauf, effizientes Arbeiten, Fehlerreduzierung, Wahl der Materialien, Innovationen
Personalaufwand	Vergütung, Organisation / Arbeitszeiten, Fluktuation, Sozialaufwand, Maßnahmen zur Steigerung der Arbeitgeberattraktivität
Abschreibungen	Nutzungsdauer, Sonderabschreibungen
Sonstige betriebliche Aufwendungen	
Erträge aus Beteiligungen, Zinsen	Erfolg verbundener Unternehmen
Abschreibungen auf Finanzanlagen	Fehlentwicklung von Anlagen
Zinsaufwand	Finanzbedarf (Cash-Management, Ausgabenstruktur, Zahlungsfristen, Lagerkosten u.a.)
Ergebnis der gewöhnlichen Geschäftstätigkeit	

Tab. 10: Einflussfaktoren auf GuV-Positionen

Der Einbezug der Positionen Umsatz und aller Kostenpositionen in das Modell gewährleistet auch, dass der gewinnbasiert vergütete Mitarbeiter bestrebt ist und angereizt wird, alle in die Berechnung einfließenden Positionen zum Wohle des Arbeit gebenden Unternehmens und damit auch in seinem Interesse positiv zu beeinflussen.

Gewinnorientierte Vergütungsmodelle können immer in Anlehnung an das in der folgenden Abbildung dargestellte Grundschema ausgestaltet werden.

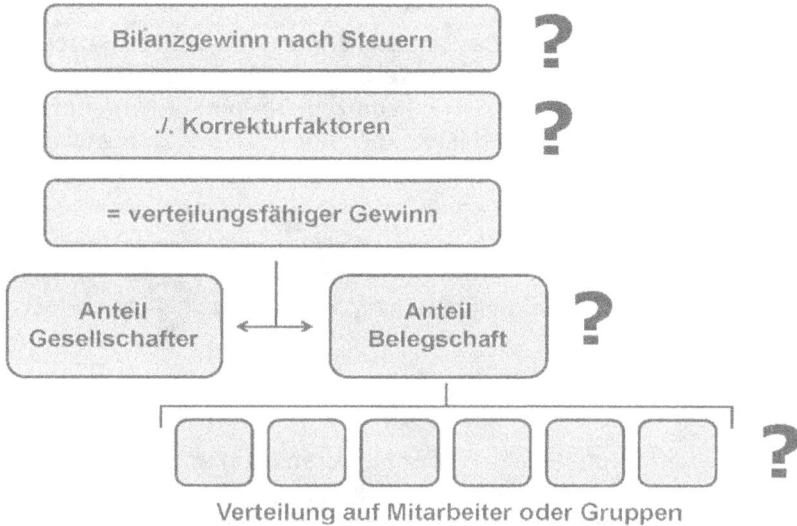

Abb. 5: Grundstruktur der Gewinnbeteiligung

Die Überführung des aufgezeigten Schemas in ein individuelles Modell kann zunächst durch Beantwortung von vier Fragen erfolgen:

1. Frage: Auf Grundlage welcher Ausgangsgröße soll die Bemessung der gewinnorientierten Vergütung erfolgen (in der Abbildung ist beispielhaft der Bilanzgewinn nach Steuern aufgeführt)?

   Hier ist zunächst zu klären, welches Berichtswesen dem Beteiligungsmodell zugrunde liegt. Zur Auswahl stehen die Gewinnermittlung nach Steuer- oder Handelsbilanz. Abzuwägen ist bei der Wahl des Berichtswesens, ob das Arbeit gebende Unternehmen die im Rahmen der Erstellung der Handelsbilanz übliche Gestaltungsfreiheit nutzen will. Erfahrungsgemäß bevorzugen Mitarbeiter genau aus diesem Grunde die Steuerbilanz als Basisinstrumentarium. Hier sind die Bewertungsgrundsätze enger gefasst, was für die Mitarbeiter mit einem höheren Vertrauen in das System verbunden ist. Dieser Aspekt ist nicht zu vernachlässigen, wenn man bedenkt, dass die Einführung eines Gewinnbeteiligungsmodells für Unternehmen und Mitarbeiter oftmals ein Schritt in eine neue Richtung darstellt, der mit Unsicherheiten und Misstrauen auf Seiten der Beschäftigten verbunden ist.

Aus dem identifizierten Basisinstrumentarium muss im Anschluss eine zentrale Position ermittelt werden, die Ausgangsbasis der Gewinnbeteiligung ist. Diese Größe kann zum Beispiel das Ergebnis der gewöhnlichen Geschäftstätigkeit oder der EBIT des Unternehmens sein.

Tipp:
Die dem Modell zugrunde liegende Größe sollte im Berichtswesen (Gewinn- und Verlustrechnung, Bilanz o.ä.) explizit als Position ausgewiesen sein und somit eine objektive und direkt identifizierbare Ausgangsbasis bilden.

2. Frage: Durch welchen Faktor oder Faktoren kann und soll die Basisgröße korrigiert werden (Korrekturfaktoren)?
   Eine Korrektur der Ausgangsgröße kann, muss aber nicht erfolgen. Die Korrektur kann durch Zu- oder Abschlag vorgenommen werden.

Tipp:
Die Korrektur sollte mit dem Ziel erfolgen, dass der gewinnbeteiligte Mitarbeiter das Ergebnis, das üblicherweise als „verteilungsfähiger Gewinn" bezeichnet wird, als von ihm maßgeblich beeinflussbar in der tagtäglichen Arbeit identifiziert wird.
Grundsätzlich ist auch hier weniger mehr. Je weniger Korrekturen erfolgen, umso nachvollziehbarer ist das Modell.

Die Korrektur kann auch dazu dienen, ein Gleichgewicht in der Verteilung des Gewinns zwischen den Produktionsfaktoren Kapital und Arbeit herzustellen. Dies bedingt oftmals, dass der Produktionsfaktor Kapital im Vorfeld der eigentlichen Verteilung eine Vorabvergütung für sich beansprucht. Diese Vorabvergütung kann zum Beispiel durch Berücksichtigung einer Eigenkapitalverzinsung, einer Risikoprämie oder eines Inflationsausgleichs erfolgen.

3. Frage: Wie wird der verteilungsfähige Gewinn zwischen dem Gesellschafter beziehungsweise den Gesellschaftern auf der einen und den gewinnberechtigten Mitarbeitern auf der anderen Seite aufgeteilt?
Das Verfahren, das den Anteil der Mitarbeiter am Gewinn regelt, kann unterschiedlich ausgestaltet sein. In der Praxis treten die folgenden Verfahrensweisen auf:

- Die Mitarbeiter erhalten unabhängig davon, wie hoch der Gewinn ausfällt, einen fixen Prozentanteil der Gewinnbasis.
- Der Anteil der Mitarbeiter am Gewinn kann aber auch in Abhängigkeit von einem Drittfaktor bestimmt werden. Der Drittfaktor kann zum Beispiel die Eigenkapitalrendite des Unternehmens sein. Auf dieser Grundlage kann der Gewinnanteil der Beschäftigten mit zunehmender Eigenkapitalrendite in Stufen, linear, progressiv oder degressiv ansteigen.
- Die Gesellschafter des Unternehmens legen jährlich nach Abschluss des Geschäftsjahres freihändig fest, wie hoch der Gewinnanteil der Mitarbeiter ausfällt.

Jedes dieser Verfahren kann darüber hinaus eine Begrenzung des maximal anfallenden Gesamtgewinnanteils der Mitarbeiter vorsehen.

Tipp:
Ein Gewinnanteil der Mitarbeiter sollte grundsätzlich erst dann anfallen, wenn ein festgelegter Mindestertrag überschritten wird, der zur Finanzierung erforderlicher Projekte in der kommenden Rechnungsperiode benötigt wird.
Gleichzeitig sollte der Gesamtgewinnanteil, der auf die berechtigten Mitarbeiter verteilt wird ausreichen, um je Mitarbeiter einen „akzeptablen" Betrag auszuschütten. Marginalbeträge sollten nicht an die Mitarbeiter fließen, da dies oftmals mit Unverständnis auf Seiten der Belegschaft quittiert wird.

4. Frage: Nach welchem Verfahren wird der Gesamtgewinnanteil auf die einzelnen Berechtigten verteilt?

Der Kreis der gewinnberechtigten Mitarbeiter kann unter Wahrung arbeitsrechtlicher Aspekte unternehmensindividuell bestimmt werden. Beispielsweise kann eine Mindestbetriebszugehörigkeit, die Zugehörigkeit zu einer genau definierten Hierarchiegruppe oder die Beschäftigung in Unternehmensbereichen Grundvoraussetzung für die Teilhabe am Modell sein.

Der Gesamtgewinnanteil wird auf die berechtigten Beschäftigten nach einem feststehenden Schlüssel verteilt. In dieser Hinsicht können zum Beispiel die folgenden Regelungen zum Einsatz kommen:

- Alle Mitarbeiter erhalten einen identischen Gewinnanteil.
- Der Anteil eines Mitarbeiters am Gesamtgewinn leitet sich aus einem objektiven Faktor ab, wie zum Beispiel dem relativen Gehaltsanteil oder die Unternehmenszugehörigkeit.
- Die Höhe des Gewinnanteils bestimmt sich aus dem Leistungsniveau des Mitarbeiters, das sich wiederum aus einem Beurteilungs- oder einem Zielvereinbarungssystem ableiten lässt.
- Es können auch mehrere der vorgenannten Faktoren parallel praktiziert werden. Beispielsweise werden 30% des Gesamtgewinnanteils nach Köpfen und die verbleibenden 70% aufgrund des Leistungsniveaus des Mitarbeiters verteilt.

Tipp:
Das Verteilungsschema sollte den Einfluss der einzelnen Mitarbeiter auf den Unternehmensgewinn und die Philosophie der Unternehmensführung widerspiegeln. Zudem sind bereits geleistete Vergütungskomponenten aus parallel praktizierten Modellen (zum Beispiel eine umsatzorientierte Vergütung für den Vertrieb) in die Konzeption der Verteilung einzubeziehen, d.h. im Rahmen der Verteilung zur Vermeidung einer Doppelvergütung in Abzug zu bringen.

Sind die genannten vier Fragen zur Zufriedenheit aller Beteiligten und sinnvoll beantwortet, kann darüber hinaus entschieden werden, wann und wie die Gewinnanteile zur Auszahlung gelangen. Auch hier stehen dem Anwender sehr unterschiedliche Verfahrensweisen zur Verfügung:

- monatliche, quartalsweise, halbjährliche oder jährliche Auszahlung
- Gewährung eines Vorschusses mit anschließender Verrechnung
- Kapitalisierung eines Teil- oder des Gesamtbetrags.

Beispiel:
Ein Handwerksunternehmen beschäftigte insgesamt 15 Mitarbeiter. Der jährliche Umsatz beträgt € 1,2 Millionen, der Gewinn € 90.000. Die Umsatzrendite umfasst demnach 7,5%.
Der Gesamtgewinnanteil der Mitarbeiter errechnet sich auf Grundlage der jeweiligen Umsatzrendite in Anlehnung an die folgende Tabelle:

Umsatzrendite	Gewinnanteil	Gewinnanteil in €
unter 4%	0%	
4 bis unter 7%	10%	
7 bis unter 10%	15%	13.500
10% und mehr	20%	

Tab. 11: Umsatzrendite-Gewinnstaffel

Der Gesamtgewinnanteil wird auf die Beschäftigten nach folgendem Schema verteilt:
a) 40% nach Köpfen, d.h. € 13.500 x 40% / 15 = € 360 pro Mitarbeiter
b) 60% nach relativem Lohngewicht, d.h. zum Beispiel bei einem Anteil von 12% beträgt der Gewinnanteil € 13.500 x 60% x 12% = € 972.
In der Summe erhält demnach der Mitarbeiter einen Gewinnanteil in Höhe von € 360 + € 972 = € 1.332.

4.4 Unternehmenswertorientierte Vergütung

In einzelnen Fällen kann auch die Steigerung des Unternehmenswertes ein für das Unternehmen strategisch bedeutsamer Aspekt sein. Dies ist zum Beispiel dann der Fall, wenn ein Unternehmen innerhalb eines bestimmten Zeithorizontes zu einem möglichst hohen Wert zur Realisierung der Unternehmensnachfolge oder eines Börsengangs veräußert werden soll. Die Zielgruppe unternehmenswertorientierter Vergütungs-modelle sind im Regelfall Führungskräfte des Unternehmens, seltener die Gesamtbelegschaft.

Die Ausgestaltung eines unternehmenswertorientierten Vergütungsmo-dells ist häufig von der Rechtsform der Gesellschaft abhängig. In einer Aktiengesellschaft können unternehmenswertorientierte Modelle zum Beispiel in Form eines Aktienoptionsmodells umgesetzt werden. Hier erhalten (durch Kauf oder kostenfreie Übertragung) die berechtigten Mitarbeiter Optionsrechte, die sie nach Ablauf einer vertraglich verein-barten Sperrfrist zum Erwerb von Aktien berechtigen, wenn der zukünf-tige Aktienkurs über dem modelltechnisch definierten Basiswert liegt. Die Differenz zwischen Aktienkurs und Basiswert, multipliziert mit der Anzahl der ausgeübten Optionsrechte, stellt den Vergütungsanteil des Mitarbeiters dar.

Dort, wo Mitarbeiter an der Unternehmenswertsteigerung einer AG teil-haben sollen, die spätere Übertragung von Aktien aber nicht gewünscht ist, können virtuelle Modelle zum Einsatz kommen. Zu dieser Modellka-tegorie zählt die Beteiligungsform der Stock Appreciation Rights. Hier werden dem Mitarbeiter virtuelle Anteile übertragen, deren Wertent-wicklung sich an der Kursentwicklung der Aktien der Gesellschaft an-lehnt. Nach Ablauf oder innerhalb einer definierten Laufzeit können die Rechte zum dann aktuellen Wert wieder an die Gesellschaft zurück übertragen werden. Der Vergütungsanteil des berechtigten Mitarbei-ters leitet sich aus der Differenz zwischen End- und Anfangswert ab.

Ähnlich der Stock Appreciation Rights sind Phantomaktien ausgestaltet. Sie sind auch in Unternehmen einsetzbar, die nicht in der Rechtsform der Aktiengesellschaft firmieren.

4.5 Rechtliche Aspekte der variablen Vergütung

Im Bereich der variablen Vergütung sind über die eingangs (Kapitel 1) genannten arbeitsrechtlichen Sachverhalte hinausgehende Rechtsas-pekte zu nennen. Diese Aspekte betreffen die Rechtsgrundlage eines variablen Vergütungssystems, den Aspekt von Bindungsklauseln und die Versteuerung der Vergütungsentgelte.

4.5.1 Rechtsgrundlagen

Die Bestimmungen eines variablen Vergütungssystems von Mitarbeitern sollten grundsätzlich schriftlich niedergelegt werden. Insgesamt stehen vier arbeitsrechtliche Ebenen zur Verfügung, in denen die Systeminhalte bestimmt werden können. Dies sind:

- Tarifvertrag
- Betriebsvereinbarung
- Angebotsunterbreitung an die Mitarbeiter
- Einzelvertragliche Regelung

Ein Tarifvertrag ist in den Fällen maßgeblich, in denen das Unternehmen der tariflichen Bindung unterliegt und das Vergütungssystem abschließend im Vertrag definiert ist.

Im Regelfall enthalten jedoch Tarifverträge eine sogenannte Öffnungsklausel, die vom Grundsatz her zum Beispiel eine leistungsorientierte Vergütung der Mitarbeiter erlaubt oder einfordert, die Entscheidung über die Detailbestimmungen des Modells aber in die Unternehmen verlagert. Die Details werden in diesem Fall in einer individuell zu erstellenden Betriebsvereinbarung festgelegt. Diese Vorgehensweise ist durchaus sinnvoll. Wie die vorhergehenden Ausführungen gezeigt haben, können variable Vergütungsmodelle sehr unterschiedlich ausgestaltet werden. Um die einzelbetrieblichen Belange des Unternehmens und seiner Mitarbeiter erfassen zu können, eignet sich die Betriebsvereinbarung in ausgesprochener Weise. Darüber hinaus stellt die Betriebsvereinbarung ein ideales Instrument dar, um das Vertrauen der Beschäftigten in das Vergütungssystem zu gewährleisten. Dies wird dadurch erreicht, dass der Betriebsrat als kompetenter Vertreter der Belegschaft Verhandlungspartner des Arbeitgebers ist und somit dafür Sorge trägt, dass die Mitarbeiterinteressen in entsprechender Weise in der Vereinbarung Berücksichtigung finden.

Dort, wo kein Tarifvertrag die Grundlagen der variablen Vergütung bildet, kann auch auf Basis des § 88 Betriebsverfassungsgesetz eine freiwillige Betriebsvereinbarung abgeschlossen werden. Bedeutendes Merkmal einer freiwilligen Betriebsvereinbarung ist, dass sie auslaufen oder gekündigt werden kann, ohne dass die bei erzwingbaren Betriebsvereinbarungen übliche Nachwirkung eintritt. Dieser Weg wird häufig im Rahmen der Vereinbarung von Gewinnbeteiligungsmodellen beschritten, wenn das Unternehmen eine Gestaltungsfreiheit zum Beispiel bzgl. der Höhe des zur Verfügung gestellten Budgets, der Definition des Berechtigtenkreises und der Verteilungsgrundsätze für sich einfordert.

Unternehmen, die über keinen Betriebsrat verfügen, können die Inhalte eines variablen Vergütungsmodells im Rahmen eines Angebotes oder einer Zusage an die Mitarbeiter regeln. Dieses arbeitsrechtliche Instrument ist hinsichtlich seiner Inhalte an die Ausgestaltung einer Betriebsvereinbarung angelehnt. Auch beim Angebot / der Zusage besteht das Prinzip der Freiwilligkeit in Analogie zur freiwilligen Betriebsvereinbarung.

Dort, wo eine variable Vergütung auf individueller Basis geregelt werden soll, kann die einzelvertragliche Festlegung der Bestimmungen erfolgen. Dies kann zum Beispiel im Rahmen der variablen Vergütung von Führungskräften der Fall sein. In dieser Hinsicht ist besondere Aufmerksamkeit dem Aspekt zu widmen, dass die Regelung Bestandteil des jeweiligen Arbeitsvertrags werden kann. In diesem Fall erfordert die Änderung oder Rücknahme der Regelung die Zustimmung des Mitarbeiters durch einvernehmliche Änderungskündigung. Es gilt daher vorausschauend abzuschätzen, ob dieser Weg langfristig zur Regelung einer variablen Vergütung geeignet erscheint.

4.5.2 Bindungsklauseln

Dort, wo variable Vergütungsmodelle eine Bindungswirkung auf die betroffenen Mitarbeiter entfachen sollen, können Bindungsklauseln eine tragende Rolle in der Systemgestaltung spielen.

Hinsichtlich der Arten von Bindungsklauseln sind Verfallklauseln und Rückfallklauseln voneinander zu unterscheiden. Verfallklauseln umfassen die Regelung des Verfalls eines variablen Vergütungsanteils dann, wenn sich der Mitarbeiter durch die Inaussichtstellung des Vergütungsanteils nicht an das Unternehmen hat binden lassen. Kündigt der Beschäftigte sein Arbeitsverhältnis vor dem Termin der Auszahlung der variablen Vergütung, kann der Arbeitgeber, sofern das Vergütungssystem im Vorhinein eine entsprechende Regelung beinhaltet, den dem Mitarbeiter zufallenden Vergütungsanteil ganz oder in Teilen einbehalten.

Das Bundesarbeitsgericht urteilte in dieser Hinsicht wie folgt:

- Ein Arbeitgeber kann in einer Gesamtzusage über die Zahlung einer freiwilligen Weihnachtsgratifikation die Bedingung stellen, dass nur diejenigen Arbeitnehmer die freiwillige Weihnachtsgratifikation erhalten, die über das betreffende Jahr hinaus beschäftigt bleiben. Steht einem Arbeitnehmer danach kein solcher Anspruch zu, weil sein Beschäftigungsverhältnis vor Jahresultimo endet, verstößt das nicht gegen den arbeitsrechtlichen Gleichbehandlungsgrundsatz (Urteil vom 23.05.2007 – 10 AZR 363/06).
- Die Bestimmung einer Betriebsvereinbarung, wonach Mitarbeiter von der Gratifikationszahlung ausgeschlossen sind, die am Stichtag 30. November eines Jahres in einem gekündigten Arbeitsverhältnis stehen, gilt auch für den Fall einer betriebsbedingten Kündigung (Urteil vom 25.04.1991 - 6 AZR 183/90).

Grundsätzlich, so stellte das BAG auch in der Vergangenheit im Rahmen mehrerer Urteile fest, bestehen bzgl. der Festlegung von Bindungsklauseln die folgenden Grundsätze:

- Variable Vergütungssysteme können vergangenheits- und zukunftsbezogende Aspekte miteinander verbinden.
- Das Arbeit gebende Unternehmen kann über Bindungsklauseln auch die in Zukunft erwartete Treue entgelten. Damit stellt die variable Vergütung ein Entgelt für eine Arbeitsleistung oder einen Erfolg, gleichzeitig aber auch eine Vergütung für die Unterlassung einer Kündigung dar.

Rückzahlungsklauseln als zweite Komponente der Bindungsklauseln umfassen den Tatbestand, dass der Mitarbeiter zur Erstattung der geleisteten Vergütung aufgefordert werden kann, wenn er gegen Vereinbarungen verstößt. Beispielsweise kann die Zahlung von Weihnachtsgeld im November eines Jahres vorsehen, dass die Sonderzahlung dann vom Arbeitgeber zurückgefordert werden kann, wenn der Mitarbeiter sein Arbeitsverhältnis im nachfolgenden Jahr vor dem 31. März kündigt.
In dieser Hinsicht sind jedoch bestimmte Fristen und Obergrenzen des Rückforderungsbetrages zu beachten:

- Kleingratifikationen unter € 100 kann der Arbeitgeber keine Rückzahlungsklausel entgegen setzen. Sie gehen bei einer Kündigung nach Auszahlung grundsätzlich verloren.

- Gratifikationen zwischen € 100 und einem Monatsgehalt können mit der Verpflichtung zur Unterlassung der Kündigung bis zum 31. März des folgenden Jahres verbunden sein (BAG, Urteil vom 09.06.1993 - 10 AZR 529/92 oder BAG, Urteil vom 21. Mai 2003 - 10 AZR 390/02)
- Übersteigt die Gratifikation ein Monatsgehalt, kann die Bindungsfrist höchstens bis zum 30. Juni ausgedehnt werden. Über den 30. Juni hinausgehende Bindungsklauseln sind rechtlich nicht zulässig.

Tipp:
Bindungsklauseln können auch dann angewendet werden, wenn der Arbeitgeber für die Kosten einer Fortbildung des Mitarbeiters aufkommt. Die Dauer der Bindung muss hierbei jedoch in einem „gesunden Verhältnis" zum Finanzierungsaufwand, der Dauer der Freistellung des Mitarbeiters und zum Nutzen des Mitarbeiters stehen. Hieraus ist bereits ersichtlich, dass die Bemessung der Bindungsdauer keine leichte Aufgabe darstellt. Es bestehen jedoch allgemein anerkannte „Daumenregeln", die als Orientierung herangezogen werden können.

Wesentlich in dieser Hinsicht ist jedoch, dass der variable Vergütungsanteil Entgelt im weiteren Sinne darstellt. Dies ist dann gegeben, wenn das Entgelt nicht auf einer konkreten Mitarbeitertätigkeit oder Leistung beruht, die dem einzelnen Beschäftigten direkt zurechenbar ist. Im Gegensatz dazu resultiert Entgelt im engeren Sinne auf einer dem Mitarbeiter direkt zurechenbaren Tätigkeit oder Leistung. Hieraus kann abgeleitet werden, dass eine Verfallklausel bei individualorientierten umsatz- oder leistungsbasierten variablen Vergütungsmodellen nicht zur Anwendung kommen kann.

4.5.3 Steuerliche Aspekte

Auf Grundlage des § 40 EStG kann eine variable Vergütung unter Bezug auf die Vorschriften des § 38a EStG (Ermittlung des Pauschalsteuersatzes) pauschal versteuert werden. Dies setzt voraus, dass

- der Arbeitgeber die Pauschalbesteuerung beim Betriebsstättenfinanzamt beantragt,
- die Zuwendung an eine größere Anzahl von Mitarbeitern erfolgt und
- einen Höchstbetrag von € 1.000 pro Mitarbeiter nicht übersteigt.

Eine Befreiung von Sozialversicherungsbeiträgen ist, wenn die Zuwendung einmaliges Arbeitsentgelt darstellt, damit nicht verbunden (§ 23a SGB IV). Die Pauschalsteuer ist vom Arbeitgeber zu tragen. Der pauschal besteuerte Arbeitslohn bleibt bei der Veranlagung des Mitarbeiters zur Einkommensteuer außer Ansatz.

Neben der Pauschalbesteuerung besteht die Möglichkeit, den Zufluss der variablen Zuwendung aufzuschieben. Hier ist auf die sogenannte Zuflusstheorie abzustellen, die im Detail im Kapitel 5.3 dargestellt wird.

5 Kapitalisierung der Entlohnung

Vergütungsanteile werden zu einem überwiegenden Anteil im Zeitpunkt ihrer Entstehung dem Mitarbeiter nach Versteuerung und Abzug der Sozialversicherungsanteile ausgezahlt. Es bestehen jedoch aus unterschiedlicher Perspektive auch Argumente dafür, Teile des Entgelts einer alternativen Verwendung (Kapitalisierung) zuzuführen.

5.1 Betriebliche Altersvorsorge

Betriebsrenten haben in deutschen Unternehmen eine lange Tradition. Über viele Jahre wurden sie oftmals ausschließlich durch Einlagen des Arbeitgebers gespeist. Dieses Bild hat sich gewandelt, da heutzutage in der Regel der Mitarbeiter alleine oder mit Unterstützung des Arbeit gebenden Unternehmens die Einlage in die betriebliche Altersvorsorge vornimmt, um eine zu erwartende zukünftige Deckungslücke zwischen seinem finanziellen Eigenbedarf und der Rentenleistung der Deutschen Rentenversicherung zu füllen.

Mitarbeiter haben nach gegenwärtigem Recht dann, wenn sie es von ihrem Arbeitgeber einfordern und tarifvertragliche Regelungen dem nicht entgegenstehen, einen Anspruch zur Überführung von Bruttogehaltsanteilen in die betriebliche Altersvorsorge (bAV) in Form von Entgeltumwandlung. Der Arbeitgeber ist dabei Vertragspartner des Finanzdienstleisters. Dessen ungeachtet hat jedoch ausschließlich der Mitarbeiter einen Anspruch auf die spätere Rentenzahlung aus der bAV.

Der Arbeitgeber kann bei der Gestaltung einer bAV zwischen fünf Durchführungswegen wählen. Dies sind:

- Direktversicherung: Der Arbeitgeber schließt zugunsten des Arbeitnehmers einen Vertrag mit einem Versicherungsunternehmen ab. Die Direktversicherung ist verwaltungsarm und eignet sich daher insbesondere für kleine Unternehmen.
- Pensionskasse: Dies sind von einem oder mehreren Unternehmen gegründete Versorgungseinrichtungen.
- Pensionsfonds: Hier handelt es sich um rechtlich selbständige Versorgungseinrichtungen, die hinsichtlich der Mittelanlage geringeren Beschränkungen unterworfen sind als die Direktversicherung oder die Pensionskasse. Dies ermöglicht u.U. eine höhere Rendite, lässt aber auch die Risiken auf der Ertragsseite

ansteigen. Die Fonds unterliegen der Insolvenzsicherungspflicht beim Pensions-Sicherungsverein.

- Direktzusage / Pensionszusage: Der Arbeitgeber verpflichtet sich hier, im Pensionsalter eine Rente aus dem Betriebsvermögen zu zahlen. Hierfür bildet das Unternehmen Rückstellungen und schließt oftmals eine Rückversicherung beim Pensions-Sicherungsverein ab.
- Unterstützungskasse: Dies ist eine von einem oder mehreren Unternehmen gegründete Versorgungseinrichtung, die dem Arbeitgeber zur Erfüllung seiner Versorgungszusage an den Mitarbeiter dient. Eine mögliche Differenz zwischen Versorgungszusage und dem Vermögensbestand der Unterstützungskasse zum Auszahlungszeitpunkt ist vom Arbeitgeber aufzufüllen oder wird, bei dessen Insolvenz, vom Pensions-Sicherungsverein übernommen.

Der Aufbau einer bAV wird steuerlich begünstigt. Die Begünstigung besteht darin, dass bis zu 4% der Beitragsbemessungsgrenze der Rentenversicherung (West) steuer- und sozialversicherungsfrei umgewandelt werden können. Die Sozialversicherungsfreiheit der umgewandelten Lohnanteile kommt damit auch dem Arbeit gebenden Unternehmen zugute. Gleichzeitig sieht das Gesetz auch einen Mindestanlagebetrag vor, der derzeit bei einem 160stel der Bezugsgröße liegt.

Über den genannten Grenzwert hinaus können, je nach Durchführungsweg, weitere Geldleistungen steuer-, aber nicht sozialversicherungsfrei eingebracht werden. Zudem erlauben die Durchführungswege Direktversicherung, Pensionskasse und Pensionsfonds eine Kombination mit der Riester-Förderung.

Aus Sicht des Arbeitgebers ist es sinnvoll, zur Begrenzung des Verwaltungsaufwandes der bAV eine regelmäßige und gleichbleibende Abführung von Beiträgen zu vereinbaren.

Das Vorhandensein einer bAV im Unternehmen stellt an sich keine Besonderheit dar und lässt sich daher als Plus im Werben um die Gunst von Fachkräften nur mit geringem Gewicht einsetzen. Positiv kann in dieser Hinsicht jedoch aufgeführt werden, wenn der Arbeitgeber den Aufbau der bAV durch eigene Zuwendungen unterstützt.

5.2 Lebensarbeitszeitguthaben

Zum 01. Januar 2012 hat in Stufen der Einstieg in die Rente mit 67 begonnen. Dies war und ist für viele Beschäftigte und mittelständische Unternehmer Anlass über Möglichkeiten nachzudenken, auf welchen Wegen Beschäftigte ohne Rentenabschlag (derzeit beträgt die (dauerhafte) Kürzung der Rente 0,3% für jeden Monat, den der Mitarbeiter früher in Rente geht!) vorzeitig ihren Ruhestand beginnen können. Nicht jeder Beschäftigte will und kann eine Tätigkeit bis zum Lebensalter von 67 realisieren. Aber auch Arbeitgeber können sich oftmals nicht vorstellen, dass Mitarbeiter, die älter als 65 Jahre sind, die immer höher werdenden, in erster Linie körperlichen Anforderungen erfüllen. Lebensarbeitszeitguthaben sind eine gute Lösung dieses Problems. Sie bieten durch Einbringung von

- laufendem Entgelt
- Überstunden / Mehrarbeit
- Einmalzahlungen oder Sonderzahlungen
- sonstigen Arbeitgeberleistungen oder
- Resturlaubstagen

die Möglichkeit, über einen längeren Zeitraum ein Zeitwertkonto zu füllen. Das entsprechende Guthaben kann zum Ende der Lebensarbeitszeit genutzt werden, um eine bezahlte Freistellung zu ermöglichen, ohne dass diese Freistellung einen negativen Einfluss auf die zu erwartende Rentenleistung hat. Der Mitarbeiter bleibt während dieser Zeit formal weiterhin Beschäftigter seines Unternehmens.

Das Gesetz erlaubt nicht nur eine vollständige Freistellung zum Ende der Lebensarbeitszeit, sondern auch einen Ausklang in Stufen, die Finanzierung der Elternzeit über das Elterngeld hinaus, einer Pflegezeit, einer längeren Weiterbildung oder eines Langzeiturlaubs. Diese Aspekte lassen Lebensarbeitszeitkonten auch zum Argument werden, um Fach- und Führungskräfte für das eigene Unternehmen zu begeistern.

Lebensarbeitszeitkonten dürfen nicht dem Ausgleich von Produktionsschwankungen dienen. Sie können aber, wenn Mitarbeiter sich z.B. in Krisenzeiten weiterbilden wollen oder eine Auszeit für andere Zwecke nehmen, die Weiterbeschäftigung durch Entnahmen sicherstellen. So kann zum Beispiel eine aufwändige und für den Mitarbeiter mit finanziellen Einbußen verbundene Kurzarbeitszeit oder gar Arbeitslosigkeit vermieden werden.

Die Einzahlungsbeträge werden zum Zeitpunkt der Einbringung in das Zeitwertkonto nicht versteuert oder zur Sozialversicherung verbeitragt. Eine Versteuerung und Verbeitragung erfolgt erst zum Zeitpunkt der Entnahme.

Rechtsgrundlage ist das 2009 eingeführte Gesetz zur Verbesserung der Rahmenbedingungen für die Absicherung flexibler Arbeitszeitregelungen (Flexi-II-Gesetz). Das Gesetz gibt auch klare Vorgaben, wie die Guthaben zwischen Anlagezeitpunkt und späterem Mittelabruf anzulegen sind. So ist zum Beispiel der unberechtigte Zugriff durch Dritte auch bei Insolvenz des Arbeit gebenden Unternehmens zu gewährleisten. Darüber hinaus bestehen Vorschriften zur Mittelanlage. So dürfen höchstens 20% des Guthabens der Mitarbeiter in Aktien oder Aktienfonds angelegt werden, wenn die Guthaben nicht ausschließlich dem vorzeitigen Ruhestand dienen. Modelle, die alleine der Finanzierung des vorzeitigen Ruhestands der Beschäftigten dienen und damit einen längerfristigen Blickwinkel haben, können die 20%-Grenze durchaus überschreiten.

5.3 Aufgeschobener Zufluss

Das steuerrechtlich maßgebliche Entgelt lässt sich aus § 19 Abs. 1 EStG in Verbindung mit § 8 Abs. 1 EStG ableiten. Demnach sind als Entgelt alle Einnahmen aus nichtselbständiger Arbeit einzustufen, die dem Mitarbeiter (unabhängig von seinem Rechtsanspruch) zufließen. Hier ist demnach das Erlangen einer wirtschaftlichen Verfügungsgewallt (Zuflusstheorie) entscheidend.

Aus dieser Darstellung lässt sich aber auch ableiten, dass Vergütungsanteile zwar entstehen können, dem Mitarbeiter jedoch, bedingt durch eine entsprechende Modellgestaltung, nicht direkt im selben Moment zufließen müssen. Dies ist in der Anwendung des Mitarbeiterguthabens möglich, das der steuer- und sv-freien Kapitalisierung freiwilliger Arbeitgeberzuwendungen dient. Eine Versteuerung und Verbeitragung zum Beispiel von Erfolgsanteilen oder Prämien erfolgt erst in der Zukunft dann, wenn das Mitarbeiterguthaben fällig und an den Mitarbeiter ausgezahlt wird.

Die Modellgestaltung muss, um die Anforderungen der dem Mitarbeiterguthaben als Rechtsbasis zugrunde liegenden höchstrichterlichen Urteile zu erfüllen, bestimmte Wesensmerkmale aufweisen:

- Die Guthaben dürfen nicht den Charakter einer Darlehensgewährung des Mitarbeiters an das Unternehmen besitzen.
- Die Kapitalisierung der Entgeltanteile muss im Interesse des Unternehmens liegen. Dies kann durch eine „moderate" Verzinsung der Guthaben vermittelt werden. In dieser Hinsicht ist jedoch zu beachten, dass der Bruttoentgeltanteil des Mitarbeiters zu verzinsen ist, wodurch ein Ausgleich für die Anwendung des vergleichsweise geringen Zinssatzes entsteht.
- Der Auszahlungszeitpunkt der Guthaben ist entweder vertraglich festgelegt oder kann ausschließlich vom Unternehmen bestimmt werden. Ein Einfluss des Mitarbeiters auf die Festlegung des Auszahlungstermins käme einem sofortigen Zufluss der Entgeltanteile gleichem und ist daher nicht zu empfehlen.

Darüber hinaus ist erwähnenswert, dass das Unternehmen in keinster Weise verpflichtet wird, das Mitarbeiterguthaben gegen Insolvenzrisiken abzusichern.

Beispiel:
Ein mittelständisches Industrieunternehmen gewährt seinen Mitarbeitern eine Gewinnbeteiligung. 50% der individuellen Gewinnanteile werden nach Versteuerung und Verbeitragung an die Berechtigten unbar ausgezahlt.
Die verbleibenden 50% der Gewinnbeteiligung werden dem Mitarbeiterguthabenmodell des Unternehmens zugeführt und dort langfristig kapitalisiert. Die Höhe der Verzinsung der Guthaben ist erfolgsabhängig und schwankt zwischen 2 und 4%. Die Guthaben werden mit Eintritt der beteiligungsberechtigten Mitarbeiter in den Ruhestand nach einem definierten Ratenplan ausgezahlt. Bei Tod des Mitarbeiters erhalten die Erben das Guthaben gegen Vorlage des Erbscheins ausbezahlt.

5.4 Mitarbeiterkapitalbeteiligung

Dort, wo im Rahmen der Ausgestaltung eines Vergütungsmodells in besonderer Weise mitunternehmerische Effekte bei den Mitarbeitern erreicht werden sollen, ist der Einbezug einer Mitarbeiterkapitalbeteiligung in das Vergütungssystem zu empfehlen.
Eine Mitarbeiterkapitalbeteiligung bringt mit sich, dass Entgeltanteile des Mitarbeiters und / oder Arbeitgeberzuwendungen im Unternehmen

kapitalisiert werden. Die umgewidmeten Anteile stehen sodann dem Arbeit gebenden Unternehmen liquiditätswirksam, manchmal aber auch eigenkapitalstärkend zur Verfügung. Sie werden nach einer vertraglich definierten Laufzeit an den Mitarbeiter ausgezahlt.

Eine Mitarbeiterkapitalbeteiligung kann, wie die nachfolgende Abbildung zeigt, sehr unterschiedliche Formen annehmen:

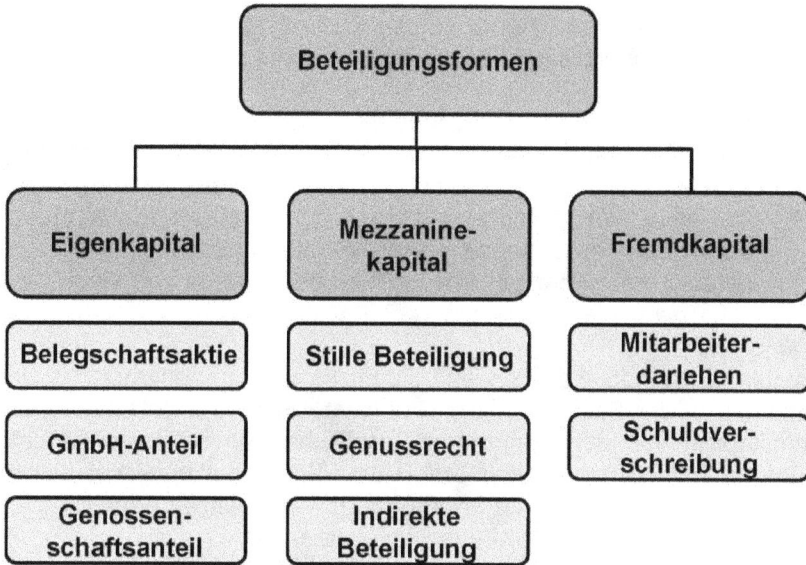

```
                    ┌─────────────────────────┐
                    │   Beteiligungsformen     │
                    └─────────────────────────┘
        ┌───────────────────┼───────────────────┐
┌───────────────┐  ┌───────────────┐  ┌───────────────┐
│  Eigenkapital │  │  Mezzanine-   │  │ Fremdkapital  │
│               │  │   kapital     │  │               │
└───────────────┘  └───────────────┘  └───────────────┘
┌───────────────┐  ┌───────────────┐  ┌───────────────┐
│Belegschaftsaktie│ │Stille Beteiligung│ │ Mitarbeiter-  │
│               │  │               │  │   darlehen    │
└───────────────┘  └───────────────┘  └───────────────┘
┌───────────────┐  ┌───────────────┐  ┌───────────────┐
│  GmbH-Anteil  │  │  Genussrecht  │  │ Schuldver-    │
│               │  │               │  │  schreibung   │
└───────────────┘  └───────────────┘  └───────────────┘
┌───────────────┐  ┌───────────────┐
│  Genossen-    │  │  Indirekte    │
│ schaftsanteil │  │  Beteiligung  │
└───────────────┘  └───────────────┘
```

Abb. 6: Formen der Mitarbeiterkapitalbeteiligung

Der Mitarbeiter kann sich durch die Kapitalbeteiligung am Stammkapital des Unternehmens beteiligen. Die Form der Stammkapitalbeteiligung ist abhängig von der Rechtsform des Arbeit gebenden Unternehmens.

Beteiligungen der Mitarbeiter am Stammkapital werden insbesondere von Aktiengesellschaften oder Genossenschaften gewählt. Hierbei sind jedoch die folgenden Aspekte zu bedenken:

- Aktiengesellschaft: Die Übertragung von Aktien an Mitarbeiter hat den wesentlichen Vorteil, dass im Unternehmen keine weitere Kapitalform (wie zum Beispiel ein Genussrecht) implementiert werden muss. Die an die Mitarbeiter zu übertragenen Aktien sind meist bereits vorhanden (Übertragung von Altaktionären an die Mitarbeiter oder Erwerb eigener Aktien durch das Unternehmen) oder können mit geringem Aufwand auf dem Wege einer Kapitalerhöhung geschaffen werden. Dieser Vorteil wird nicht selten als so überragend eingestuft, dass andere Aspekte, die oftmals weitere Fragestellungen oder gar Probleme mit sich bringen, keine Beachtung im Rahmen der Modellgestaltung finden. Hierzu gehören u.a. Fragen der Weitergabe, der Rückübertragung oder der Bewertung der Aktie im Zeitverlauf.

- Genossenschaften: Nicht jede Genossenschaft erlaubt eine Beteiligung von Mitarbeitern, da ihre Mitgliedschaft an einen Status des Gesellschafters gekoppelt ist. Zum Beispiel ist das Institut einer Winzergenossenschaft zu nennen, deren Mitgliedschaft das Vorhandensein eines Weinbaubetriebes zur Voraussetzung hat. Mitarbeitern ist hier der Erwerb von Genossenschaftsanteilen verwehrt.

Oftmals, insbesondere dann, wenn die Firma ein familiengeführtes Unternehmen in der Rechtform der GmbH ist, wird eine Beteiligung am Stammkapital von den bisherigen Gesellschaftern nicht gewünscht. Darüber hinaus kommt bei der GmbH-Beteiligung der hohe Kostenaufwand zum Tragen, der durch anfallende Notargebühren beim Einstieg in und Ausstieg aus der Beteiligung anzusetzen ist.

Das Modell der GmbH-Beteiligung kann aber bei Jungunternehmen eine Rolle spielen, die über eine Beteiligung Fachkräfte gewinnen und binden wollen. In diesem Rahmen dient die Beteiligung am Stammkapital als Kompensation dafür, dass Start-ups nicht in der Lage sind, ihren Mitarbeitern Gehälter zu gewähren, die in der Industrie durchaus üblich sind.

Alternativ zu einer Beteiligung am Stammkapital kann aber auch eine mezzanine Beteiligung in Erwägung gezogen werden. Hier besteht der Vorteil darin, dass das Beteiligungskapital als betriebswirtschaftliches Eigenkapital angerechnet werden kann. Eine eigenkapitalähnliche Qualität des Mezzaninekapitals ist dann gegeben, wenn das Kapital:

- einer Gewinn- und einer Verlustbeteiligung unterliegt,
- die Laufzeit mindestens fünf Jahre beträgt, und
- das Kapital nachrangig haftet (qualifizierter Rangrücktritt).

In dieser Ausprägung sind positive Auswirkungen auf das Unternehmensrating zu verzeichnen.

Darüber hinaus können die Zinsen auf das zur Verfügung gestellte Beteiligungskapital vom Unternehmen als Betriebsausgaben geltend gemacht werden und reduzieren somit den zu versteuernden Gewinn. Die Verzinsung mezzaniner Beteiligungen lehnt sich in der Regel an die Höhe des Unternehmenserfolges an. Sie kann im Falle eines Unternehmensverlustes auch negativ sein. Oftmals wird der Negativzins auf ein Verlustvortragskonto gebucht und bei Kündigung der Beteiligung mit der Einlage des Mitarbeiters verrechnet.

Eine mezzanine Beteiligung der Mitarbeiter verfügt gegenüber einer Stammkapitalbeteiligung aber noch über weitere Vorteile. Dies sind:

- Die Beteiligung erfolgt als Nennwertbeteiligung. Dies bringt mit sich, dass die mezzanine Beteiligung die Problematik der Unternehmensbewertung nicht kennt. Dies spart in erheblichem Maße Aufwand und in Folge Kosten.
- Die Beteiligung ist verwaltungsarm.
- Die Bestimmungen des Beteiligungsvertrages können in vielen Punkten frei oder unter geringen gesetzlichen Vorgaben ausgestaltet werden.
- Der Mitarbeiter wird nicht zum Gesellschafter, sondern erlangt als „Gegenleistung" für die Bereitstellung des Beteiligungskapitals Informationsrechte, deren Umfang definiert werden kann.

Eine weitere Option der Mitarbeiterkapitalbeteiligung ist das Mitarbeiterdarlehen. Das Darlehen wird in der Regel für einen fest definierten Zeitraum gewährt und mit einem festen oder einem innerhalb einer geringen Spanne schwankenden Zinssatz vergütet. Informationsrechte des Darlehensgebers sind in der Regel nicht vorgesehen. Wichtig ist auch zu betonen, dass Darlehen, die vom Mitarbeiter aus eigenen Mitteln begründet wurden, gegen Insolvenzrisiken mit einer Bankbürgschaft unterlegt werden müssen.

Die aufgeführten Beteiligungsformen sind grundsätzlich in ihren Details sehr flexibel gestaltbar. Hierzu gehören zum Beispiel die Aspekte der Begründung und Kündigung, die Vergütung, der Umfang der Informationsbereitstellung und andere Gestaltungsaspekte.

Mehrere Studien belegen, dass Unternehmen, die ihre Mitarbeiter am Kapital beteiligen, produktiver sind als Konkurrenzunternehmen. Daher

besteht auch von Seiten des Staates ein berechtigtes Interesse, das Instrument der Mitarbeiterkapitalbeteiligung zu fördern und ihren Verbreitungsgrad zu erhöhen.
Die Förderung erstreckt sich auf zwei Ebenen. Diese sind:

- 5. Vermögensbildungsgesetz (VermBG) und
- § 3 Ziffer 39 EStG.

Auf Grundlage des 5. VermBG können Mitarbeiter eine betriebliche Beteiligung begründen. Dies kann in Form einer Einzahlung in einen Aktiensparplan, aber auch in Form einer Kapitalbeteiligung am Arbeit gebenden Unternehmen erfolgen, wenn der Arbeitgeber hierzu die Voraussetzungen schafft. Die VL-Anlage ist jährlich bis zu einer Obergrenze von € 400 förderbar. Beträgt das zu versteuernde Einkommen des Mitarbeiters im Jahr der Einlage € 20.000 (Alleinstehende) oder € 40.000 (Verheiratete), erhält der Anleger nach Ablauf einer Sperrfrist von sechs Jahren eine Sparzulage von 20% auf den geleisteten VL-Anlagebetrag.
Neben der betrieblichen VL-Anlage besteht für den Mitarbeiter die Möglichkeit, weitere VL in Form des sparzulagegeförderten Bausparens (Obergrenze der Anlage jährlich € 470, Einkommensgrenzen € 17.800 / € 35.800, 7 Jahre Sperrfrist, 9% Sparzulage) oder in Form einer betrieblichen Altersvorsorge (ohne Förderung) zu tätigen. Hieraus ist ersichtlich, dass die Förderkonditionen in den Bereichen Bausparen und betriebliche Altersvorsorge ungünstiger sind als bei der betrieblichen VL-Anlage in Form einer Mitarbeiterkapitalbeteiligung.
Die zweite Förderkomponente ist der bereits erwähnte § 3 Ziffer 39 EStG. Dieser ermöglicht dem Arbeitgeber, einen steuer- und sozialversicherungsfreien Zuschuss in die Kapitalbeteiligung des Mitarbeiters zu leisten. Auf diesem Wege kann eine Einlage des Mitarbeiters attraktiv aufgestockt werden. Denkbar ist in diesem Rahmen auch, dass der Mitarbeiter keinen finanziellen Eigenbeitrag leistet und die Kapitalbeteiligung ausschließlich durch die Einzahlung des Arbeitgeberzuschusses erfolgt.
Die steuer- und sozialversicherungsfreie Gewährung des Zuschusses ist auf einen Betrag von € 360 pro Jahr begrenzt. Sie kann jährlich neu gewährt werden. Die Bestimmungen des § 3 Ziffer 39 EStG fordern, dass grundsätzlich allen Mitarbeitern des Unternehmens der Zuschuss ge-

währt wird, die zum Zeitpunkt der Bekanntgabe des Beteiligungsangebotes beim Arbeit gebenden Unternehmen ein Jahr oder länger beschäftigt waren.
Die genannten Förderkomponenten § 3 Ziffer 39 EStG und 5. VermBG
lassen sich durchaus miteinander kombinieren, was die Wirksamkeit
und Anerkennung des Beteiligungsmodells durch die Mitarbeiter erfahrungsgemäß deutlich steigert. Darüber hinaus wirkt sich ihr Einsatz einzeln und in Kombination auch auf Seiten des Unternehmens durchaus
positiv aus.

Beispiel:
Ein mittelständisches Handelsunternehmen gewährt seinen Mitarbeitern die Möglichkeit einer Beteiligung in Form von Genussrechten. Auf
Grundlage eines jährlichen Beteiligungsangebotes haben die Beschäf-
tigten die Möglichkeit, eine Beteiligung zwischen € 200 und € 2.000
einzugehen. Auf den Eigenanteil der Mitarbeiter wird eine Förderung
nach § 3 Ziffer 39 EStG bis zu € 200 (= 10% des Anlagebetrages) gewährt.
Darüber hinaus können VL in das Genussrechtsmodell eingebracht werden.
Das eingelegte Kapital unterliegt einer Sperrfrist von sechs Jahren.
Während der Laufzeit nehmen die Genussrechte an einer bis zu 10%igen
Gewinnbeteiligung teil. Die Verlustbeteiligung ist auf -5% begrenzt.
Über das Kapital kann vor Ablauf der sechsjährigen Sperrfrist dann verfügt werden, wenn der beteiligte Mitarbeiter erwerbs- oder berufsun-
fähig wird, heiratet oder verstirbt.
Die Genussrechtsinhaber werden halbjährlich im Rahmen einer Ver-
sammlung über die Lage des Unternehmens und wesentliche Entscheidungen der Unternehmensleitung informiert.

6 Umfrageergebnisse zur Mitarbeitervergütung

Im Zeitraum Oktober bis November 2013 wurden ca. 800 Unternehmen von der mit-unternehmer.com Beratungs-GmbH über die Struktur ihres Mitarbeitervergütungssystems schriftlich befragt (siehe Abb. 7). Die Ergebnisse der Befragung werden nachfolgend dargestellt.

Unternehmensbefragung der mit-unternehmer.com Beratungs-GmbH
„Mitarbeitervergütung im Mittelstand 2013"

Neben dem Fixeinkommen erzielen unsere Mitarbeiter Einkünfte über Modelle der ...
☐ ertragsorientierten Vergütung (z.B. Umsatz- oder Deckungsbeitrag)
☐ leistungsorientierten Vergütung (z.B. Akkord, Zielvereinbarungssystem)
☐ erfolgsorientierten Vergütung (z.B. auf Gewinnbasis)
☐ wertorientierten Vergütung (z.B. Aktienoption, SAR)

Variable Vergütungsmodelle finden Anwendung bei ...
☐ allen Mitarbeitern in gleicher Form
☐ allen Mitarbeitern in unterschiedlicher Form
☐ nur für bestimmte Hierarchiegruppen (z.B. Führungskräfte)
☐ nur für bestimmte Bereiche (z.B. Vertrieb)

Der variable Anteil an der Gesamtvergütung der Berechtigten beträgt ca. ...
☐ Prozent

Gehaltszulagen werden gewährt in Form von ...
☐ Weihnachts- / Urlaubsgeld
☐ Vermögenswirksame Leistungen
☐ Betriebliche Altersvorsorge
☐ Bereitstellung eines Firmenwagens
☐ Sachzuwendungen (z.B. Tankgutschein, Essensmarken)
☐ sonstiges

Unsere Mitarbeiter sind am Kapital beteiligt über ...
☐ Belegschaftsaktie, GmbH- oder Genossenschaftsbeteiligung
☐ Stille Gesellschaft, Genussrecht
☐ Mitarbeiterdarlehen, Schuldverschreibung
☐ Mitarbeiterguthaben

Das Unternehmen ...
☐ unterliegt der Tarifbindung.
☐ lehnt an einen Tarifvertrag an.
☐ unterliegt nicht der Tarifbindung.

Das Unternehmen ist (im Schwerpunkt)...
☐ ein Industrieunternehmen.
☐ ein Handelsunternehmen.
☐ ein Dienstleistungsunternehmen.
☐ ein Handwerksunternehmen.

Das Unternehmen beschäftigt ...
☐ weniger als 50 Mitarbeiter.
☐ 50 bis 249 Mitarbeiter.
☐ 250 bis 499 Mitarbeiter.
☐ mehr als 500 Mitarbeiter.

Antworten senden Sie bitte per Fax an 0951-209 80 93 oder an kontakt@mit-unternehmer.com.

Wir senden Ihnen gerne die Auswertung per E-Mail zu an: _____

Vielen Dank für Ihre Teilnahme!

Abb. 7: Fragebogen

An dieser Befragung nahmen insgesamt 45 Unternehmen teil. Dies entspricht einer Antwortquote von 5,6%. Dies erlaubt eine weitgehend repräsentative Auswertung.

Die Struktur der Teilnehmer nach Wirtschaftsbereichen ergab Schwerpunkte in den Bereichen Dienstleistungen (17 Unternehmen) und Industrie (16 Unternehmen). Auf Rang drei liegt der Bereich Handel mit insgesamt 11 Teilnehmern. Das Handwerk mit lediglich einem teilnehmenden Unternehmen ist dagegen kaum vertreten. Aus diesem Grunde sollten die Ergebnisse auf diesen Wirtschaftsbereich nicht auf die Gesamtheit aller Handwerksunternehmen übertragen werden.

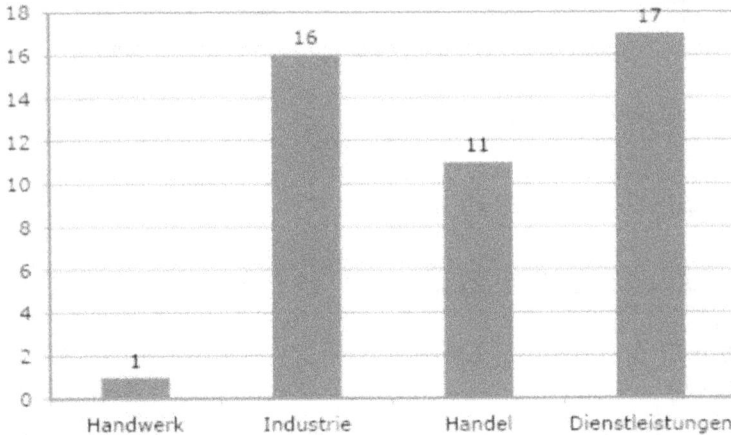

Abb. 8: Teilnehmerstruktur (nach Wirtschaftsbereichen, absolute Werte)

Betrachtet nach der Anzahl der in den Unternehmen beschäftigten Mitarbeitern ergibt sich die in Abb. 9 ersichtliche Struktur.

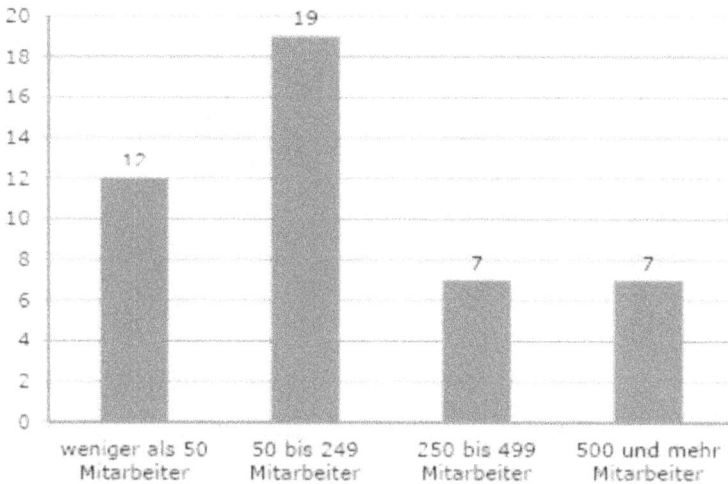

Abb. 9: Teilnehmer nach Anzahl der Beschäftigten (absolute Werte)

Hier zeigt sich eine für Befragungen typische Verteilung, die darauf zurückzuführen ist, dass Kleinunternehmen eine erfahrungsgemäß geringere Bereitschaft zur Teilnahme an Untersuchungen aufbringen. Diesem Tatbestand ist bei der Interpretation der nachfolgenden Ergebnisse Beachtung zu schenken.

Darüber hinaus wurden die Teilnehmer nach dem unter Vergütungsaspekten außerordentlich relevanten Aspekt befragt, ob sie einer Tarifbindung unterliegen, sich an einen Tarif anlehnen oder tariffrei vergüten.

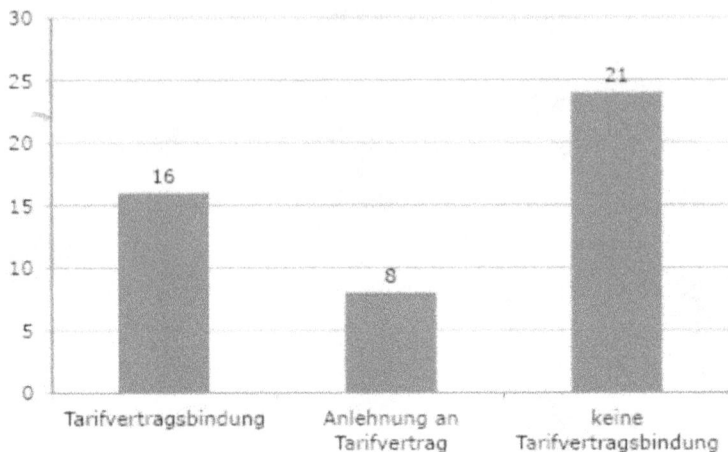

Abb. 10: Teilnehmerstruktur nach Tarifbindung (absolute Werte)

Im Ergebnis unterlagen lediglich 16 Unternehmen (Quote von 36%) einer tariflichen Bindung. 18% der Befragungsteilnehmer lehnen sich an bestehende Tarifverträge (ganz oder teilweise) an. Annähernd die Hälfte der Teilnehmer vergütet dagegen losgelöst von bestehenden Tarifverträgen.

Die Unternehmen wurden zudem gebeten mitzuteilen, in welcher Form sie ihre Mitarbeiter variabel vergüten. Hier ergab sich folgendes Gesamtbild:

Vergütungsform	Häufigkeit (absolut)	in %
ertragsorientiert (zum Beispiel nach Umsatz oder Deckungsbeitrag)	6	13,3
leistungsorientiert (zum Beispiel auf Grundlage von Mitarbeiterbeurteilung oder Zielerreichungsgrad)	6	13,3
erfolgsorientiert (zum Beispiel nach Gewinn)	8	17,8
wertorientiert (zum Beispiel Aktien-option)	0	0
ertrags- und leistungsorientiert	2	4,4
ertrags- und erfolgsorientiert	5	11,1
leistungs- und erfolgsorientiert	2	4,4
ertrags-, leistungs- und erfolgsorientiert	5	11,1
ohne variable Vergütung	11	24,4

Tab. 12: Formen der variablen Vergütung

Insgesamt zeigt sich hier ein uneinheitliches Bild. Es gibt demnach nicht DIE dominante oder trendbestimmende Form der variablen Vergütung. Das Ergebnis der Befragung erlaubt eher den Rückschluss darauf, dass die Struktur eines Mitarbeitervergütungsmodells sich individuell an den jeweiligen Bedürfnissen und Erfordernissen orientiert.

Ein relativ hoher Anteil der Befragten (annähernd ein Viertel der Teilnehmer) verzichtet dagegen gänzlich auf den Einsatz einer variablen Vergütung der Mitarbeiter.

Darüber hinaus zeigt sich, dass eine weitere große Teilnehmergruppe es vorzieht, ausschließlich ein System zu praktizieren. In dieser Gruppe sind erfolgsorientierte Modelle häufiger vertreten als die gleichauf genannten Modelltypen auf Grundlage von Ertrag beziehungsweise Mitarbeiterleistung.

Sieben Unternehmen kombinieren eine Ertragsbeteiligung mit einem zweiten variablen Vergütungsmodell auf Grundlage von Leistung oder Erfolg. Dies lässt die Vermutung zu, dass in diesen Unternehmen die

Ertragsbeteiligung Gültigkeit für den Vertriebsbereich besitzt und das jeweilige zweite Modell in anderen Unternehmensbereichen zum Einsatz kommt.

Immerhin jedes zehnte teilnehmende Unternehmen praktiziert sogar drei variable Vergütungsformen.

Die teilnehmenden Firmen wurden darüber hinaus befragt, welche Mitarbeitergruppen Adressaten des variablen Vergütungsmodells sind.

Abb. 11: Variable Vergütungsmodelle finden Anwendung bei ... (absolute Werte)

Hier zeigt sich, dass annähernd die Hälfte der variabel vergütenden Unternehmen ihr Modell / ihre Modelle auf alle beschäftigten Mitarbeiter anwenden. 13 Teilnehmer differenzieren jedoch in der Anwendung des Modells.

Elf Unternehmen vergüten variabel in Anlehnung an ihre Hierarchiestruktur. Weitere neun Firmen beschränken ihre variable Vergütung dagegen auf ausgewählte Unternehmensbereiche.

Ein weiterer Aspekt der Befragung war der Anteil der variablen Vergütung an der Gesamtvergütung.

Insgesamt zeigte sich auch hier ein sehr unterschiedliches Verhalten. Drei Unternehmen vergüten ihre Mitarbeiter zurückhaltend, indem sie einen variablen Vergütungsanteil leisten, der unter 5% der Gesamtvergütung liegt. Das Gros der Unternehmen (insgesamt 16 Teilnehmer) leistet einen variablen Vergütungsanteil in einer Spanne von fünf bis 14 Prozent. Weitere sechs Unternehmen vertreten dagegen eine Vergütungspolitik, die auf einem „merklichen" variablen Vergütungsanteil von über 30% der Mitarbeitergesamtvergütung basiert. Aber auch in dieser Gruppe konnte kein einheitliches Bild ausgemacht werden: ein Dienstleistungsunternehmen vergütet zu 50% variabel, ein Unternehmen der Industrie zu 70% und ein Autohaus sogar zu 90% variabel.

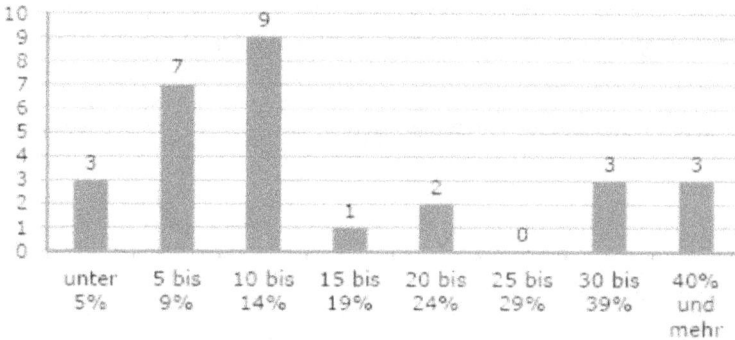

Abb. 12: Anteil der variablen Vergütung an der Gesamtvergütung in Prozent (absolute Werte)

Neben der variablen Vergütung setzen viele Unternehmen auch Gehaltszulagen in unterschiedlicher Form ein. Unter diesem Aspekt zeigte sich ebenfalls ein sehr unterschiedliches Bild.
Zunächst ergab die Befragung, dass das gesamte Spektrum (Sachzuwendungen, Firmenwagen, betriebliche Altersvorsorge (bAV), Vermögenswirksame Leistungen (VL), Weihnachts- und Urlaubsgeld) der Gehaltszulagen genutzt wird. Die höchste Akzeptanz genießen dabei die Module bAV, VL und Weihnachts- / Urlaubsgeld, dicht gefolgt von der Bereitstellung eines Firmenwagens durch den Arbeitgeber, die trotz Einführung der 1%-Regelung noch immer eine hohe Akzeptanz genießt. Die Gewährung von Sachzuwendungen (Tankgutscheine u.a.) rangiert mit 20 Nennungen dagegen auf einem mittleren Niveau.

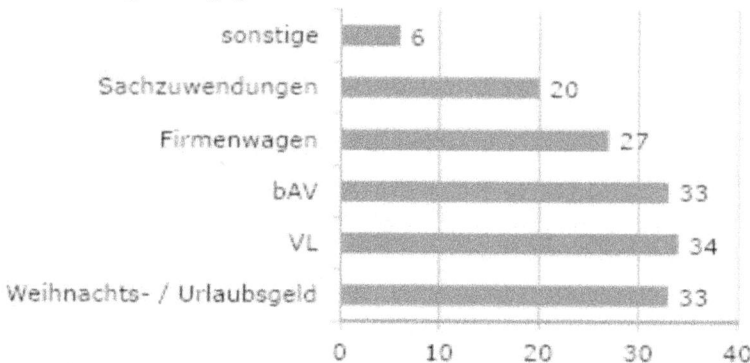

Abb. 13: Gehaltszulagen werden gewährt als ... (absolute Werte)

Auffallend war dabei, dass die Unternehmen sich bei der Anwendung von Gehaltszulagen nicht immer auf eine geringe Anzahl von Systemen beschränken, wie die nachfolgende Tabelle zeigt:

Gehaltszulagetypen	Unternehmen
1	2
2	4
3	18
4	13
5	5

Tab. 13: Anzahl der praktizierten Gehaltszulagetypen (absolute Werte)

Zudem zeigte sich, dass kein Zusammenhang zwischen der Unternehmensgröße und der Anzahl der Gehaltszulagemodelle besteht. Selbst kleinere Unternehmen praktizieren, wie das Untersuchungsergebnis zeigt, durchaus mehrere Zulagetypen parallel.

7 Einführung eines Vergütungssystems

Die Neueinführung oder Veränderung eines Vergütungssystems ist stets ein sensibles Projekt, das gut durchdacht, systematisch strukturiert und zweifelsfrei kommuniziert werden sollte. In dieser Hinsicht empfiehlt sich die folgende Vorgehensweise.

Erster Schritt ist die Gründung einer Projektgruppe. In der Gruppe sollten die Unternehmensleitung, die Personalabteilung, der Bereich Finanzen und der Betriebsrat direkt oder indirekt vertreten sein. Je nach Ausrichtung des Projektes können auch andere Vertreter (zum Beispiel Betriebs- oder Schichtleiter, Vertriebsmitarbeiter, Führungskräfte) in den Prozess integriert werden.

Tipp:
Nicht jede dieser Gruppen muss bei allen Aktivitäten aktiv eingebunden sein. Es kann zum Beispiel ausreichend für die Unternehmensleitung sein, bei wesentlichen Entscheidungen oder der Präsentation von Zwischenergebnissen an Sitzungen der Projektgruppe teilzunehmen und über weitere Gruppenaktivitäten durch Kenntnisnahme der Sitzungsprotokolle informiert zu werden.

Die Projektgruppe hat zunächst die Aufgabe, den gegenwärtigen Status Quo im Unternehmen zu ermitteln. Die folgenden Fragen können in dieser Hinsicht als Orientierung dienen:

- Wie kann die derzeitige Vergütungsstruktur beschrieben werden?
- Ist die Vergütungsstruktur marktgerecht? In dieser Hinsicht sollte der Blickwinkel einerseits auf Branchenmitbewerber gerichtet sein, andererseits auf Unternehmen der Region, die am Arbeitsmarkt mit dem eigenen Unternehmen in Konkurrenz um die Gunst von Arbeitnehmern treten.
- Wie hoch ist die Kostenbelastung des aktuellen Systems? Ist ein höherer Gehaltsaufwand tragbar oder ist eine Reduzierung der Kostenbelastung erforderlich?
- Ist das aktuelle System gerecht? Was denken die Beschäftigten über die aktuelle Vergütungshöhe und Vergütungsstruktur

(diese Frage kann auf dem Wege der Durchführung einer Mitar-
beiterbefragung oder von Interviews Einzelner beantwortet
werden)?
- Passt das aktuelle Vergütungssystem zur Organisationsstruktur
  des Unternehmens? An welcher Stelle treten Konflikte auf?
- Welche Problembereiche können aus dieser Analyse insgesamt
  identifiziert werden und wie sind sie zu gewichten? Bedingen
  sich Problembereiche gegenseitig?

Auf dieser Ist-Analyse aufbauend können die Ziele eines zukünftigen
Modells formuliert werden. Die Zielformulierung kann zunächst nach
dem „Wünsch-Dir-Was"-Prinzip durchgeführt werden. Die geäußerten
Wünsche müssen dabei jedoch in möglichst realistischer Form geäußert
werden. In diesem Rahmen ist darauf zu achten, dass alle beteiligten
Gruppen zu Wort kommen.
Die genannten Ziele werden anschließend von der Projektgruppe strukturiert. In dieser Hinsicht können die folgenden Aspekte Berücksichtigung finden:
- Wie können die Ziele kategorisiert beziehungsweise gewichtet
  werden. In dieser Hinsicht kann nach Oberzielen, Zwischenzie-
  len und Unterzielen unterschieden werden.
- Welche Folgewirkungen sind mit den genannten Einzelzielen
  verbunden? In dieser Hinsicht sollte der Blickwinkel auf Kosten
  und Nutzen gerichtet sein.
- Wie und wo stehen Einzelziele untereinander in Konflikt?

Projektschritt drei ist anschließend auf die Fragestellung ausgerichtet,
wie die Brücke zwischen dem veränderungsbedürftigen Status und dem
gewünschten Endergebnis geschlagen werden kann. Fragestellungen
sind hier:
- Welche(s) Instrument(e) dient/dienen dem gewünschten
  Zweck?
- Wie / Wann / In welcher Reihenfolge kann die Neuerung zum
  Einsatz kommen?
- Welche Folgewirkungen (Kosten / Veränderung der Unternehmenskultur / Organisation / Schulungsaufwand etc.) ergeben
  sich?

- Welche Projektschritte können intern abgearbeitet werden? An welchen Stellen und in welchem Umfang ist eine Begleitung durch externen Sachverstand erforderlich?
- Welcher Zeit-, Personal- und Kostenaufwand ist mit der Umsetzung verbunden?
- Wie stehen Mitteleinsatz (Aufwand) und Ertrag beziehungsweise Nutzen der durchzuführenden Maßnahme im Verhältnis?

In einer vierten Phase kann ein Grobentwurf für die zukünftige Systemgestaltung erstellt werden. In diesem Rahmen werden die eingesetzten Instrumente und ihre Ausgestaltung benannt.

Tipp:
In diesem Stadium sollte darauf geachtet werden, dass der Detaillierungsgrad des Entwurfs nicht zu hoch ist. Es empfiehlt sich, den Entwurf Schritt für Schritt zu konkretisieren. Dies gewährleistet im Regelfall, dass in jedem Stadium der Entwicklung des Entwurfs die Gruppe den Überblick behält. Gleichzeitig muss die Projektgruppe stets bei der Konkretisierung des Entwurfs sich die Frage stellen, welche Folgewirkungen durch die Systemkonkretisierung (theoretisch) auftreten.
Sind die Folgewirkungen systemkonform?
Stehen sie im Widerspruch zu der Grundidee des Systems?
Stehen sie im Widerspruch zu anderen Systemelementen?
Wenn ein Widerspruch besteht, welche Konsequenzen müssen hieraus abgeleitet werden?

Parallel zur inhaltlichen Konkretisierung ist es zweckmäßig, den finanzwirtschaftlichen Folgewirkungen Beachtung zu schenken. In diesem Rahmen kann auch eine Simulationsrechnung (mit Worst- und Best-Case-Betrachtung) zum Einsatz kommen.
Besteht letztendlich Klarheit über das System und seine Parameter, muss anschließend ein Regelwerk in Schriftform formuliert werden. Das Regelwerk kann als Betriebsvereinbarung oder in Form einer Zusage abgeschlossen werden.
Grundsätzlich ist von Bedeutung, die Mitarbeiter entweder direkt oder über den Betriebsrat über wesentliche Fortschritte des Projektes zu

informieren. Dies ist wichtig, um dem hohen Sensibilitätsgrad des Projektes zu entsprechen und eventuell auftretenden Widerständen, die nicht selten der Unkenntnis der Beschäftigten geschuldet sind, vorzubeugen.

Tipp:
Beachten Sie in dieser Hinsicht grundsätzlich, dass die nachträgliche Beseitigung auftretender Widerstände sehr aufwändig ist. Von daher ist anzuraten alles zu unternehmen, um Widerstände auf Seiten der Belegschaft erst gar nicht aufkommen zu lassen und auftretende Sorgen ausgesprochen ernst zu nehmen.

Im Anschluss müssen die Mitarbeiter im Rahmen einer Belegschaftsversammlung im Detail über das Projektergebnis in Kenntnis gesetzt werden. Die Vorbereitung der Belegschaftsversammlung und ihre Durchführung kann ebenso Aufgabe der Projektgruppe sein. Alternativ kann aber auch dieser Schritt dem Betriebsrat überlassen werden. Die Entscheidung darüber, wer für Vorbereitung und Durchführung der Veranstaltung verantwortlich ist, lässt sich auch aus dem Vertrauensverhältnis der Gruppen untereinander ableiten.

Darüber hinaus kann erwogen werden, die Öffentlichkeit dann über die Neuerungen zu informieren, wenn sich hieraus positive Effekte unter dem Aspekt der Steigerung der Arbeitgeberattraktivität erwarten lassen.

Zu guter Letzt sollte stets beachtet werden, dass jedes Vergütungssystem eine Pflege im weiteren Zeitverlauf erfordert. Es ist daher nicht zu empfehlen, ein neues Modell einzuführen und ihm im Folgezeitraum keine weitere Beachtung mehr beizumessen. Günstig ist daher, regelmäßig zumindest im Rahmen einer Kurzbewertung zu prüfen, ob Änderungsbedarf besteht.

Tipp:
Kleine Systemänderungen sind leichter zu handhaben als große. Dies umfasst nicht nur den Umstellungsaufwand an sich, sondern auch den Aspekt möglicher Widerstände.

In dieser Hinsicht sind regelmäßig die folgenden Fragen stellen:

- Sind das bestehende Vergütungsmodell und die verwendeten Messzahlen noch aktuell?
- Entspricht das Vergütungsmodell den aktuellen Zielen? Haben sich die Ziele geändert?
- Gehen von dem System noch die gewünschten Anreizwirkungen aus?
- Bietet die Personalwirtschaft oder das Steuerrecht in der Zwischenzeit andere Vergütungsansätze, die eine tiefergehende Betrachtung lohnen?

Literaturverzeichnis

Becker, Fred G. und Kramarsch, Michael H.: „Leistungs- und erfolgsorientierte Vergütung für Führungskräfte", Göttingen 2006

Breisig, Thomas: „Entgelt nach Leistung und Erfolg", Frankfurt am Main, 2003

Eyer, Eckhard und Haussmann, Thomas: „Zielvereinbarung und variable Vergütung", Wiesbaden 2009

Hofbauer, Helmut und Winkler, Brigitte: „Das Mitarbeitergespräch als Führungsinstrument", München 2010

Müller, Robert und Brenner, Dorit: „Mitarbeiterbeurteilung und Zielvereinbarung", Landsberg 2008

Richter, Thomas: „Mit wirksamen Zielvereinbarungen zu nachhaltigen Erfolgen", Zürich 2009

Schneider, H.J. und Fritz, S.: „Erfolgs- und Kapitalbeteiligung", Düsseldorf 2013

Sendel-Müller, Markus und Weckes, Marion: „Gewinn- und Erfolgsbeteiligung", Frankfurt a. M. 2013

REFA Verband für Arbeitsstudien und Betriebsorganisation e.V.: „Anforderungsermittlung (Arbeitsbewertung), München 1991

Wolf, Gunther: „Variable Vergütung", Hamburg, 2010

Zander, Ernst und Femppel, Kurt: „Lohn- und Gehaltsfestsetzung in Klein- und Mittelbetrieben", Freiburg i. Br. 1997